Nathalie Anne Dodd

Feng Shui
para la vida moderna

EDITORIAL DE VECCHI

A pesar de haber puesto el máximo cuidado en la redacción de esta obra, el autor o el editor no pueden en modo alguno responsabilizarse por las informaciones (fórmulas, recetas, técnicas, etc.) vertidas en el texto. Se aconseja, en el caso de problemas específicos —a menudo únicos— de cada lector en particular, que se consulte con una persona cualificada para obtener las informaciones más completas, más exactas y lo más actualizadas posible. EDITORIAL DE VECCHI, S. A. U.

Los lectores interesados pueden contactar directamente con la autora, para recibir más información y realizar consultas particulares:

*Nathalie Anne Dodd
Via de Casaglia, 34/6
40135 Bolonia (Italia)
Tel.: 0039-51-4159616
Tel.: 0039-349-8368664
e-mail: nathalie.dodd@libero.it*

La autora agradece la amable colaboración de:

*LAB+ Laboratorio Archittetura Bioecologica
Via Erbosa, 22
40100 Bolonia
Tel.: 051/4159616
e-mail: lab-plus@libero.it*

*Arquitecto Roberto Maci
Via di Casaglia, 34/6
40135 Bolonia
Tel. 051/4152524*

*Arquitecto Mauricio Corrado
Via Santa Croce, 8
40100 Bolonia
Tel.: 051/551622*

*Arquitecto Anna Bonini
Via del Borgo S. Pietro, 42
40100 Bolonia*

Agradece la cesión de sus propias obras arquitectónicas a:

*Tatsunori Kano y Clementina Mingozzi
Via Murri, 10
40100 Bolonia*

La cesión de material fotográfico a:

*Paolo Bruttini
Via Cesare Battisti, 33
40100 Bolonia*

La colaboración en la investigación iconográfica a:

*Manuela Marchesan
Via Rialto, 10
40125 Bolonia*

*Señor Tombacini
NOVA TI
Via S. Carlo, 2709
47022 Borello di cesena (FO)*

*Mara Nisticó Suri Mono
Strada Maggiore, 23
40125 Bolonia
Corso Monforte, 20
20122 Milán*

*Marina Canazza
Officina Botánica
Galleria Cavour, 1
40100 Bolonia*

*Fabio Fenili
CINIUS
Bolonia – Milán - Roma*

*Amadio Bianchi
C. Y. Surja
Via S. Giusto, 83
20153 Milán*

*Flavia De Petri
Villaggio globale Bagni di Lucca
Villa Demidoff
55022 Bagni di Lucca (LU)*

Diseño gráfico de la cubierta de Design 3.

En la cubierta: sala de un apartamento en la región de Toscana (arquitectos M. Mariani, A. Mariani y U. Santi); jardín y vela zen (fotografía Aslay); paisaje (foto LAB+).

Fotografías de la autora salvo donde se indica otra procedencia.

Traducción de Ariadna Martín Sirarols.

Las imágenes que hay al comienzo de cada capítulo son particulares y están extraídas de las obras de Tatsunori Kano.

© Editorial De Vecchi, S. A. U. 2002
Consell de Cent, 357. 08007 BARCELONA
Depósito Legal: B. 37.253-2002
ISBN: 84-315-2895-8

El Código Penal vigente dispone: «Será castigado con la pena de prisión de seis meses a dos años o de multa de seis a veinticuatro meses quien, con ánimo de lucro y en perjuicio de tercero, reproduzca, plagie, distribuya o comunique públicamente, en todo o en parte, una obra literaria, artística o científica, o su transformación, interpretación o ejecución artística fijada en cualquier tipo de soporte o comunicada a través de cualquier medio, sin la autorización de los titulares de los correspondientes derechos de propiedad intelectual o de sus cesionarios. La misma pena se impondrá a quien intencionadamente importe, exporte o almacene ejemplares de dichas obras o producciones o ejecuciones sin la referida autorización». (Artículo 270)

*A Angelica
alegre energía vital*

INTRODUCCIÓN

El origen del Feng Shui es muy antiguo y se remonta a más de 4.000 años atrás. Se basa en el texto adivinatorio del *Ching*. En este antiguo arte de matriz china, se mezclan también remotos orígenes tibetanos y principios de la religión taoísta.

El Feng Shui es un método chino tradicional para vivir en armonía con las energías de la Tierra. Constituye un conjunto de técnicas y conocimientos que se puede aplicar a nuestro espacio personal y al entorno circundante; su filosofía propone una armoniosa convivencia equilibrada entre los seres humanos, los animales y el paisaje para aumentar la prosperidad, acrecentar la energía y mantenerse en buena salud. Traducido, Feng Shui significa Viento y Agua, los dos elementos que han forjado sustancialmente el paisaje que más tarde dio lugar a la formación física de la Tierra. El Feng Shui sugiere cómo disponer el propio espacio personal de modo que se alcancen la multitud de energías propicias que se mueven en nuestro entorno.

Existen muchas lecturas posibles de los espacios a través del Feng Shui, ya que muchas han sido las escuelas que han hablado de ello y muchos los contactos culturales e interpretaciones que lo han ampliado y detallado. Esto ha generado también mucha confusión, puesto que, a menudo, al leer un libro o al realizar un seminario nos encontramos que debemos tratar conceptos y valoraciones que nos pueden parecer contradictorios.

En el presente libro intentaremos plantear, simplificándolos al máximo, los principios básicos, procurando adaptar el espíritu del Feng Shui a la vida moderna occidental, determinando los puntos de contacto entre las dos culturas, concentrándonos sobre todo en la búsqueda del bienestar y la serenidad en los ambientes donde vivimos y evitando profundizar demasiado en los aspectos esenciales de rituales y referencias astrológicas, tan distantes de nuestro pensamiento. Se utilizarán técnicas simples para aprender a vivir en armonía y alcanzar el bienestar diario, lo que entendemos que es la aplicación moderna del Feng Shui, donde Oriente y Occidente representan el movimiento armonioso del Yin y el Yang. En el presente libro le explicaremos cómo crear el equilibrio en sus espacios vitales, sus espacios verdes y el lugar de trabajo; nos ocuparemos de su bienestar en los viajes y las vacaciones, y hablaremos del Feng Shui aplicado al cuidado del cuerpo y de la mente.

Ideograma del Feng Shui. Estos símbolos significan viento y agua, los dos elementos que se encuentran en el origen de la energía vital. Arquitecto A. Bonini

Principios fundamentales

El Feng Shui es una disciplina compuesta por arte y ciencia, basada en un conjunto de técnicas que tienen su origen en distintas escuelas: entre las más conocidas se encuentran la escuela de la Brújula, la de las Formas y la de la Nueva Estrella, que se basan en las direcciones de la brújula, en la observación del paisaje y de las formas del entorno, respectivamente. El Feng Shui es un arte que requiere también capacidad subjetiva de juicio e interpretación, y en el que la experiencia es un factor decisivo porque muchos aspectos son visuales y requieren que el ojo valore formas, terrenos y perfiles. Según esto, el ambiente físico se juzga tal como se presenta a la vista y a los sentidos.

El Yin y el Yang

Según las antiguas religiones chinas, toda la naturaleza, animada e inanimada, depende y se fundamenta en un gran principio universal, el Tai Ch'i, que recoge en sí el principio del Yin y el Yang. Para las filosofías orientales, en el origen de las distintas transformaciones de la vida se encuentran el Yin y el Yang. En su inicio el Yin y el Yang indicaban respectivamente el lado oscuro de una pendiente y el lado soleado. Luego su significado se amplió hasta llegar a indicar las dos fuerzas a través de las que se manifiesta la energía, sintetizada en el símbolo del Tao, donde la búsqueda es energía en equilibrio: el Todo.

El Yin y el Yang son el principio femenino y masculino que abrazan cada cosa; estos dos tipos de energía vinculan a las personas con su entorno. El Yin, el principio femenino, domina la pasividad, la sensibilidad, el encerramiento en uno mismo; es la noche, la quietud, la dulzura y la tristeza; se asocia al frío, al invierno, al agua, a los colores fríos y a las emociones íntimas, al recogimiento, a la introversión y a la espiritualidad. En la alimentación corresponde a alimentos como las semillas, los cereales, el azúcar, la miel, el café, el chocolate, las especias y los alcoholes. Clínicamente las enfermedades por exceso de Yin son aquellas relacionadas con las glándulas linfáticas, el sistema inmunitario, los riñones, la depresión y la inestabilidad psíquica. El Yang, el principio masculino, se relaciona con la agresividad, la expansión, la extroversión; es el día, el calor, el fuego; se asocia al estado y a las emociones más expansivas, a la alegría. Los alimentos relacionados con él son la carne, los huevos, los quesos, los carbohidratos y la sal. Está vinculado a enfermedades cardiocirculatorias y a estados de hiperexcitabilidad.

El Ch'i o la energía en movimiento

El Ch'i es uno de los elementos fundamentales para la búsqueda del bienestar con el Feng Shui: es la energía vital, el pneuma, el soplo vital, el *prana*. Cada pueblo, cada religión o filosofía tiene su propio nombre para denominarlo, pero es siempre, y en cualquier lugar, la energía que se mueve en el mundo, en las cosas y en los seres vivos. Trabajar con el Ch'i, transformarlo, canalizarlo, significa permitir al soplo vital de la vida aportar todos sus principios benéficos, aportar bienestar y armonía a todas las formas, vivas o no, con las que se encuentra. Por lo tanto, reconocer y equilibrar esta energía vital significa recrear las condiciones ideales para el cuerpo, la mente y el espíritu. El Ch'i fluye no sólo a través de la Tierra, sino a través del interior del sistema solar y las galaxias. Con los cambios de posición de la Tierra, del sol y de los demás planetas, también cambian los movimientos de la energía del Ch'i y sus relaciones con nuestro cuerpo. Cuando la energía del Ch'i del cielo se une con la de la Tierra, su movimiento queda alterado por el paisaje, la vegetación y el suelo; cuando se encuentran dan lugar a la infinita transformación de todas las cosas. Para los antiguos chinos, el Ch'i era el espíritu que penetraba y se difundía por el mundo dándole vitalidad, creando la «energía vital», la vida de la naturaleza, el movimiento del agua y hasta el crecimiento de las plantas.

El Sha o el Ch'i maléfico

Cuando el Ch'i encuentra obstáculos en su camino, o es modificado por elementos que alteran y bloquean su flujo, se llama Sha o Ch'i maléfico. Los objetos, los adornos, las estructuras murales o metálicas, la instalación eléctrica, las plantas mal situadas o cualquier otra cosa que interrumpa el flujo continuo del Ch'i crea una alteración que hace que se estanque o se escurra demasiado rápido. El bloqueo de sus funciones o el exceso de velocidad no nos permitirán disfrutar de sus beneficios.

Lo que causa una mala circulación del Ch'i son sobre todo las líneas rectas, los ángulos agudos, las calles sin salida, los rincones oscuros, cerrados y húmedos, y todas las formas que le impidan moverse libremente por el espacio. Piense en el efecto de la corriente de aire de una puerta abierta frente a una ventana abierta: el Ch'i se comporta como el aire, entra y sale.

Otro ejemplo de Sha es la energía negativa que puede haberse conservado en edificios donde se han producido acontecimientos trágicos o de luto; cuando las energías negativas han sido demasiado fuertes, las paredes, el mobiliario, los objetos decorativos pueden haberse impregnado de esta negatividad y la desprenden muy lentamente. Incluso la acumulación de objetos, polvo y porquería recogen Ch'i negativo e impiden una corriente de flujo energético. La energía Sha tiende a estancarse en zonas oscuras o húmedas y puede influir en la vida de los habitantes. Por eso es conveniente indagar quién ocupó los lugares que nos interesan, de modo que se pueda intervenir con la limpieza de energías negativas o decidir centrar nuestra atención en otros lugares.

El símbolo del Tao encierra en sí los principios femeninos y masculinos del Yin y el Yang, generadores de cada momento de la vida. Arquitecto A. Bonini

Ideograma del Ch'i. Arquitecto A. Bonini

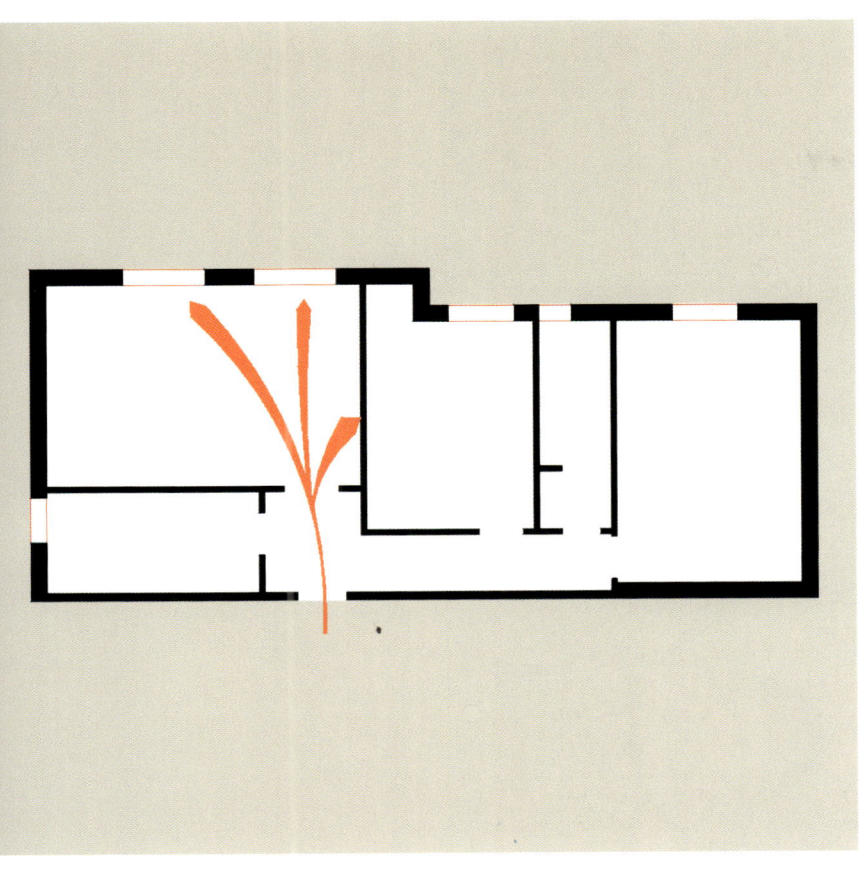

La teoría de los cinco elementos

La teoría de los cinco elementos se centra en la observación del flujo de los elementos en la naturaleza y en el ciclo de creación y destrucción de cada cosa en la Tierra. Entender el ciclo evolutivo de los cinco elementos nos permite poder aplicar su fuerza natural a los lugares en los que vivimos y disfrutar de su interacción para crear energías positivas, evitando al máximo las negativas.

Los cinco elementos son la Madera, el Agua, el Fuego, el Metal y la Tierra; su combinación lleva a un ciclo infinito que produce un flujo continuo de energía circular que es el tipo de energía que deberemos intentar producir en el espacio donde vivimos. El ciclo de los elementos sigue el orden que reproducimos a continuación:

• La Madera genera el Fuego, quemando, pero destruye la Tierra.

• El Fuego alimenta con sus cenizas a la Tierra, pero destruye el Metal, fundiéndolo.

• La Tierra genera el Metal, que corre por sus venas interiores, pero destruye el Agua.

• El Metal genera el Agua, pero destruye la Madera.

• El Agua genera la Madera, puesto que alimenta la vegetación, pero apaga el Fuego.

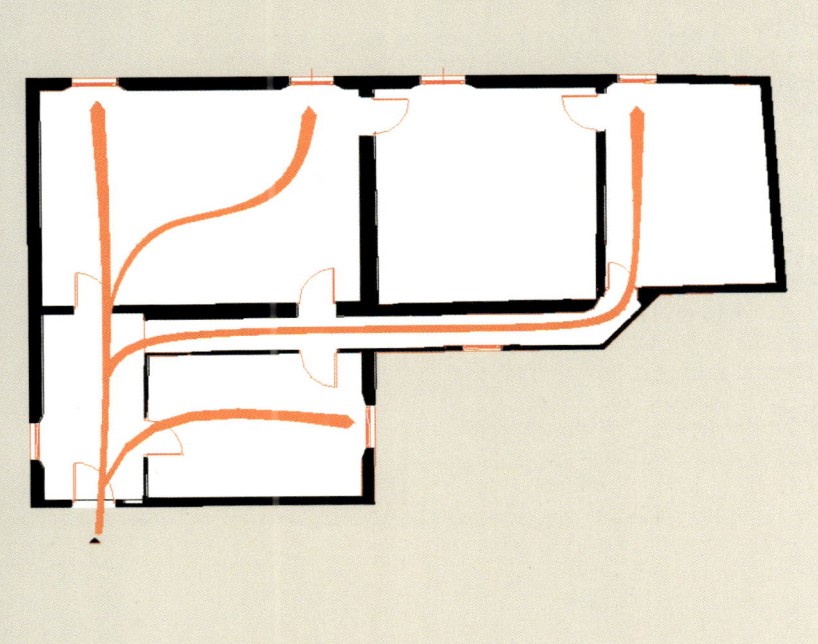

Arriba, *la energía del Ch'i entra con demasiada agresividad, generando un Sha, y sale velozmente por las ventanas, sin tener tiempo de difundir sus beneficios en el ambiente. Arquitecto R. Maci*

A la izquierda, *el Sha generado por la energía que procede del exterior tiende a escurrirse directamente por las ventanas y por el pasillo, donde genera una flecha muy fuerte y agresiva. Arquitecto R. Maci*

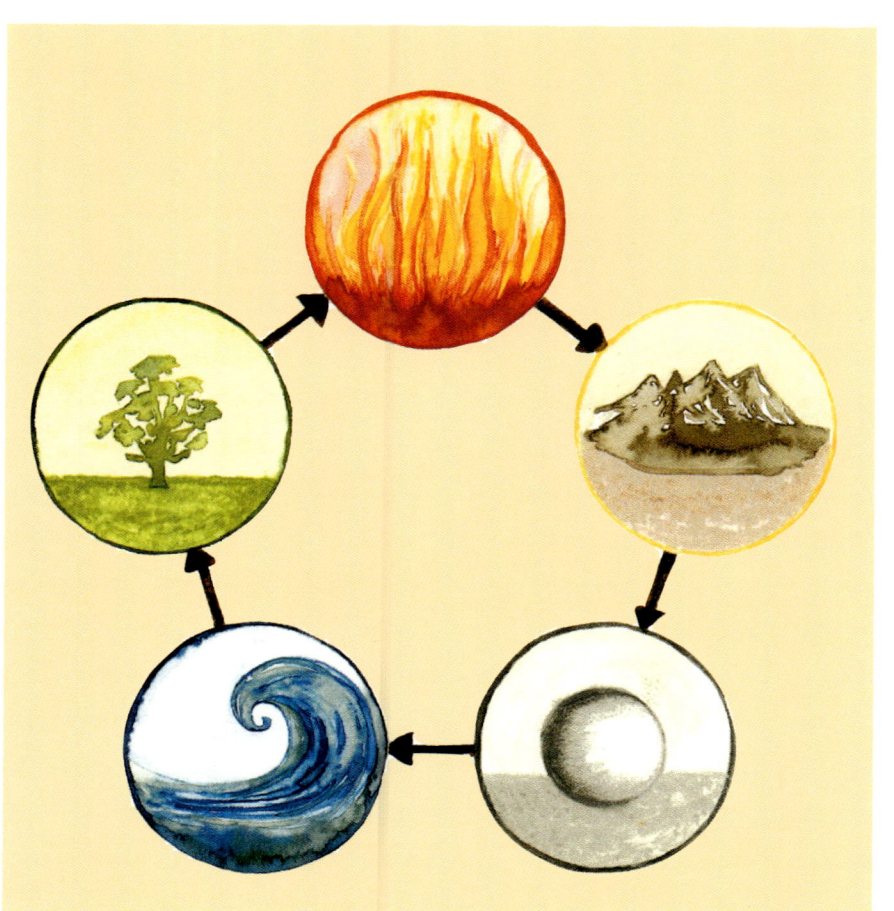

El ciclo de los elementos. Arquitecto A. Bonini

Los cinco elementos están asociados a las direcciones del sol en el cielo durante el día y en el transcurso del año.

• Por la mañana, la zona este absorbe la energía de la Madera.

• Luego el sol pasa del este al sur y carga la parte meridional con Fuego.

• El sol desciende y la parte sureste y central se estabilizan por la Tierra.

• Durante el ocaso la parte occidental de la casa absorbe la energía del Metal que va hacia el interior.

• Por la noche la parte norte beneficia a la energía del Agua.

CORRESPONDENCIAS DE LOS CINCO ELEMENTOS

Elemento	Dirección	Estación
Madera	este y sureste	primavera
Fuego	sur	verano
Tierra	centro, suroeste y noreste	estaciones intermedias
Metal	oeste, noroeste	otoño
Agua	norte	invierno

A cada punto cardinal le corresponde uno de los cinco elementos y una estación del año

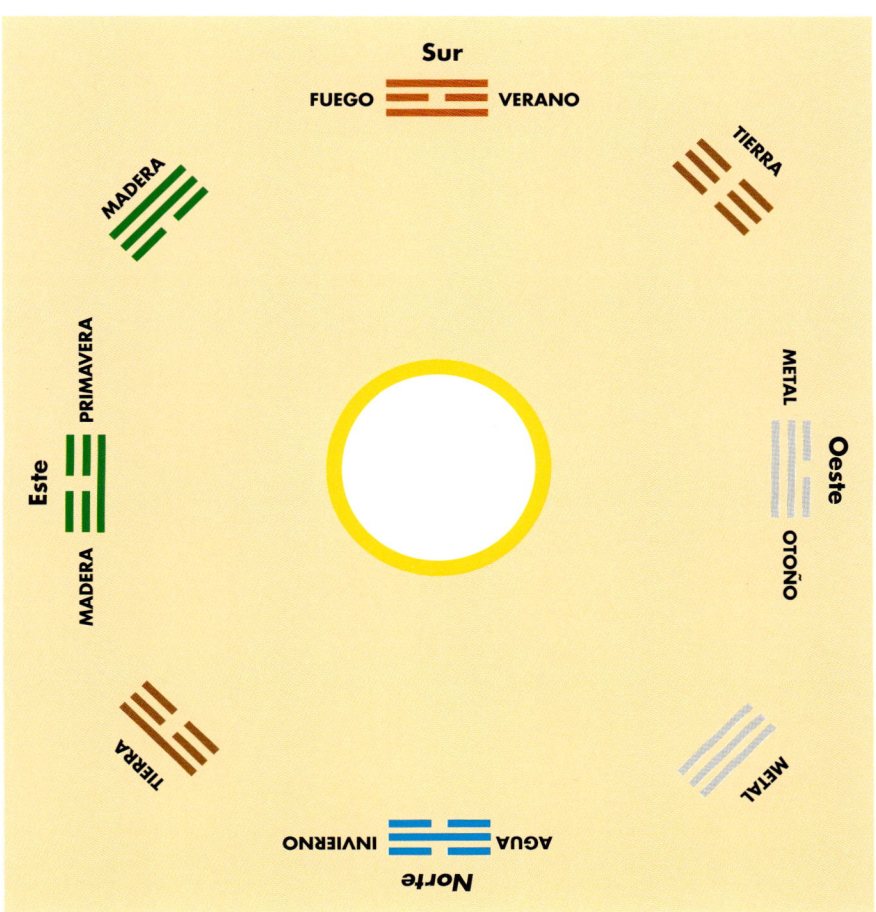

En el Feng Shui, cada uno de los cuatro puntos cardinales y cada una de las cuatro direcciones secundarias corresponden a un elemento determinado y a una estación, por ello es fundamental conocer la orientación de un lugar.

Por lo tanto, debemos dotarnos de una brújula para determinar cuáles son los cuatro puntos cardinales y las cuatro direcciones intermedias para asociarles el significado de los distintos elementos y sus combinaciones.

Aplicaciones generales

El *I Ching*

Este antiquísimo test adivinatorio tiene sus raíces en la filosofía china, en el confucianismo y en el taoísmo. El origen parece derivar de una compilación de pronósticos e interpretaciones que utilizaban los campesinos, a los que se añadieron los test de adivinación sagrados, que formaron la recopilación de los 64 símbolos (hexagramas); estos corresponden a los principales momentos de cambio de la vida y de la relación entre el cosmos, la naturaleza y el hombre.
Los 64 símbolos proceden de la combinación de dos trigramas, figuras constituidas por tres líneas paralelas, que pueden estar separadas, y representan el Yin, o enteras, y representar el Yang: las dos cualidades se combinan en ocho posibles combinaciones.

El *I Ching* se basa en algunos conceptos filosóficos fundamentales:

• El instante observado es el momento en que los elementos se muestran en su totalidad.

• El hexagrama es el exponente del momento en que se realiza.

• Los acontecimientos se interpretan en el momento de coincidencia de espacio y tiempo.

• Los acontecimientos objetivos son interdependientes y están relacionados con las condiciones psíquicas y objetivas del observador.

• Las ocho señales son de cambio mutable, imágenes que cambian continuamente.

• La atención no se dirige a las cosas en su esencia, sino a los movimientos de las cosas en su mutación.

En el *I Ching* se encuentra la esencia del principio del Feng Shui: nada es estático, el significado de la vida y de las cosas se encuentra en una mutación continua. La combinación de los elementos lleva a composiciones siempre distintas y en movimiento, que hacen que cada instante de la vida sea distinto de otro, aunque las diferencias sean imperceptibles.

El Ba Gua y el cuadrado Lo Shu

El Ba Gua es uno de los instrumentos más conocidos y utilizados del Feng Shui; se trata de una reja octagonal subdivida en ocho áreas, en las que se colocan los trigramas del *I Ching*, correspondientes a los principales aspectos de la vida: carrera, conocimiento, antepasados, riqueza, fama, relaciones, creatividad, benefactores y salud. La superposición de este tipo de brújula en la planta de una casa o de cualquier otro espacio genera un cuadrado dividido en nueve partes, el Lo Shu, el «río»: cuenta la leyenda que esta red se obtuvo del caparazón de una tortuga surgida de un río que llevaba sobre sí los ocho trigramas del *I Ching*. A cada combinación de los trigramas corresponde una zona de la casa que lleva en sí características más o menos Yin o Yang, y las combinaciones principales de estas entre sí. Adecuando y regularizando las formas en nuestro poder podemos potenciar las áreas que nos interesen y favorecer el flujo energético del Ch'i.

Cómo aplicar el Ba Gua a los espacios de casa

Ante todo debemos procurarnos un plano detallado de nuestro apartamento y sobreponerle el Ba Gua, utilizando uno para cada planta. Sobre un folio de papel transparente reproduciremos la planta octogonal; si nuestra casa es cuadrada o rectangular dibujaremos las dos diagonales; si tiene una forma irregular, para poder realizar el trazado deberemos asimilarla a una forma rectangular. Posicionaremos el punto central del Ba Gua allí donde se interseccionan las dos diagonales. Por último, orientaremos la posición del Ba Gua de modo que el lado que corresponde al recuadro de la Carrera (K'tan) coincida con la puerta principal de la casa o por la que entramos habitualmente. Esta operación se puede aplicar a un palacio, a un apartamento o a la habitación en la que se está: el resultado de la aplicación del Ba Gua será la subdivisión en sectores regulares de las distintas áreas del espacio y la determinación de los aspectos vinculados a ellos. Si nuestro apartamento tiene una forma irregular, podrían faltar algunas áreas del Ba Gua, lo que nos puede traer problemas en los aspectos correspondientes a nuestra vida. Si una zona de la casa tiene dimensiones de 1/3 inferiores respecto a lo que indica el Ba Gua, podemos crear una extensión de esta zona utilizando algunos objetos para activar la energía:

— colocar un espejo en la pared que limite con el área que falta;
— colocar un cristal en el rincón correspondiente a la parte que falta o fijarlo en la ventana de ese lado de la casa;
— colocar una planta o un punto de luz en la esquina exterior de la casa, correspondiente a la zona que falta.

A continuación se procederá a observar las distintas zonas y las características respectivas tal como están determinadas por el Ba Gua.

El Ba Gua es un instrumento especial que nos permite determinar las principales áreas de nuestra casa y su relación con los distintos aspectos de la vida, analizando las correspondencias con los elementos, los colores, las estaciones y los puntos cardinales que se le asocian. Arquitecto A. Bonini

1	K'tan	La carrera	Agua
2	K'un	Las relaciones	Tierra
3	Chen	La familia	Trueno
4	Sun	La riqueza	Viento
5	Tai Ch'i	La salud	
6	Ch'ien	Los benefactores	Cielo
7	Tui	La creatividad	Lago
8	Ken	El conocimiento	Montaña
9	Li	La fama	Fuego

El cuadrado Lo Shu puede ser utilizado con más facilidad en las plantas de casas occidentales; cada sector se corresponde con las principales áreas de la vida. Arquitecto A. Bonini

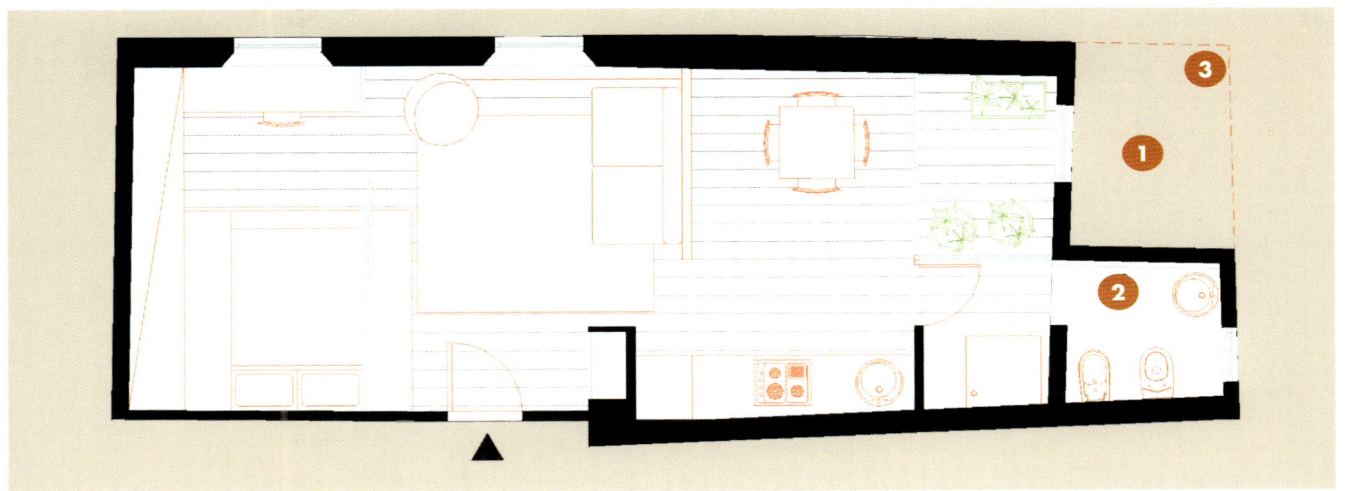

Arriba, a este apartamento le falta una zona (1) que puede ser recreada posicionando un espejo en la pared 2, o poniendo una luz en posición exterior 3. Arquitecto R. Maci

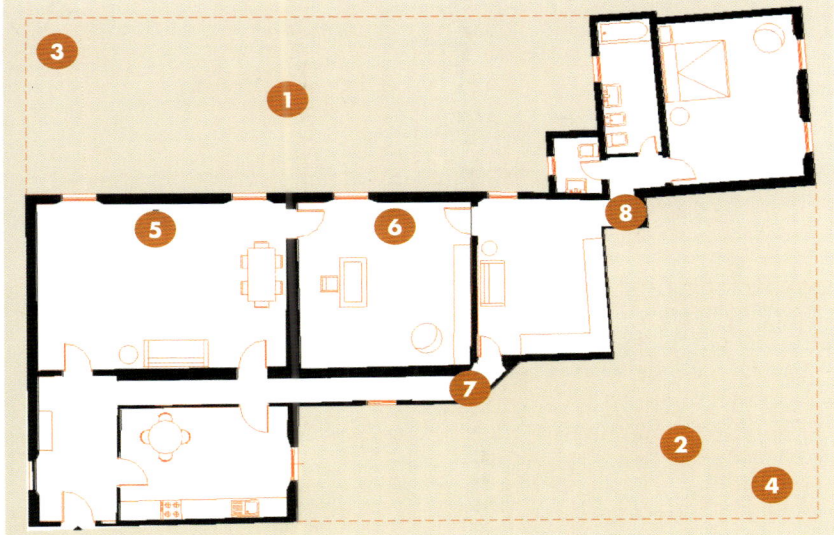

A la izquierda, el apartamento carece de dos áreas (1 y 2), que pueden ser recreadas colgando espejos en las posiciones 5, 6, 7, 8 o iluminando exteriormente en posición 3 y 4. Arquitecto R. Maci

Abajo, para favorecer la entrada y el flujo del Ch'i en el apartamento se ha situado una fuente (1) directamente frente a esta y se han tirado las paredes de enfrente. De ese modo la energía puede circular con más agilidad y distribuirse por todos los ambientes. Arquitecto R. Maci

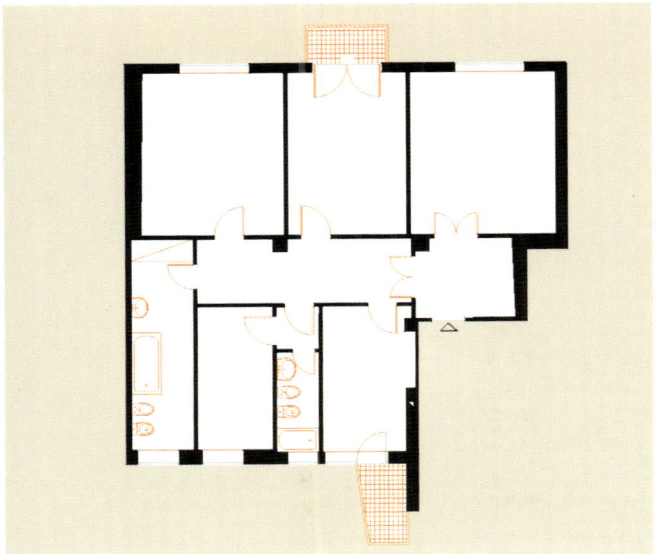
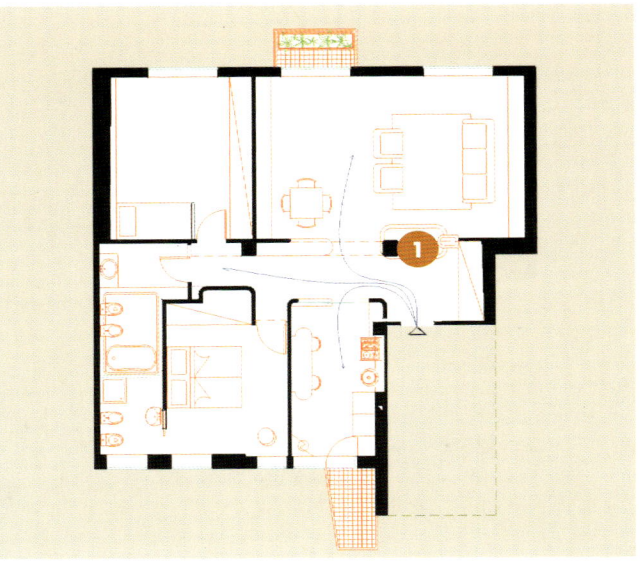

La carrera

Esta es la zona ideal para la colocación de la puerta de entrada; aquí empieza el flujo del Ch'i, el viaje en nuestra vida, el recorrido de nuestra carrera. Está relacionada con la energía del Agua y los órganos de los riñones y la vejiga; la energía debe fluir ágilmente y esta zona deberá mantenerse libre y limpia. Aquí se pueden colocar imágenes del mar o de cursos fluviales y colgar un cuadro que represente idealmente nuestro trabajo.

Es importante que la entrada sea ligera, que no se deba forzar para entrar, ya que podrían surgir dificultades en la profesión; debe evitarse dejar zapatos y otros objetos; es mejor disponer un armario guardarropa y un portaobjetos esenciales siempre en orden. Los colores indicados son los asociados al agua, el azul y el negro (que deberá utilizarse en pequeñas cantidades en la casa; es más adecuado para los particulares en el lugar de trabajo y en los bancos, donde representa la energía del dinero).

Las relaciones

Esta zona es el área más Yin de nuestra casa. Está relacionada con las cualidades femeninas y la receptividad, por lo tanto, con las relaciones personales, emotivas, sociales e íntimas. Es la zona donde nos vemos reflejados en el otro, donde el otro nos ayuda a conocernos y a desarrollar nuestra sensibilidad. Aquí sería necesario colocar objetos suaves, sin aristas, sin rigidez, pintados en colores claros y serenos, evitando los espejos, que activan una energía demasiado dura. No deberán colocarse objetos de formas puntiagudas o plantas espinosas. Un toque de rojo o de rosa puede equilibrar bastante esta zona extremadamente Yin y añadir un poco de pasión si hace falta.

Relacionada con el bazo, simboliza la aceptación sin reservas, la falta de juicio, la apertura y la disponibilidad en las relaciones con los demás. Las estancias más indicadas son la habitación de matrimonio, el salón o también un despacho.

La familia

Asociada al trigrama Trueno, representa las bases desde las que debemos partir para desarrollar nuestra vida: es el área relacionada con los antepasados, los padres, los maestros, pero también los superiores y los guías espirituales de nuestra vida, con aquellos que nos ayudan en el desarrollo de nuestra identidad. Aquí se pueden alojar aquellas personas que vengan a visitarnos, o bien podemos conservar sus fotografías, imágenes o recuerdos. Es una zona de movimiento, no adecuada para pasar en ella mucho tiempo; puede ser un lugar de paso donde se desarrollen algunas funciones en el marco del día; por ejemplo, una zona de consulta o una zona de reunión en una oficina. Es conveniente no colocar en esta zona objetos pesados, puesto que no deben obstaculizar la energía de movimiento hacia arriba (el Trueno). Es importante que esta zona esté presente en todas las casas porque sirve de apoyo a nuestra evolución, pero no es un lugar donde debamos pasar largos ratos. Es una zona relacionada con el hígado; cuando falta o cuando existen restricciones o bloqueos se pueden tener problemas con este órgano.

La riqueza

Esta zona está relacionada con la fortuna, la prosperidad, el dinero y la buena suerte. Puede ser una zona adecuada para los regalos inesperados, las victorias, la zona donde se pueden experimentar los

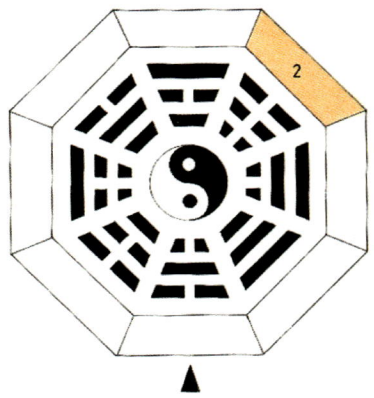

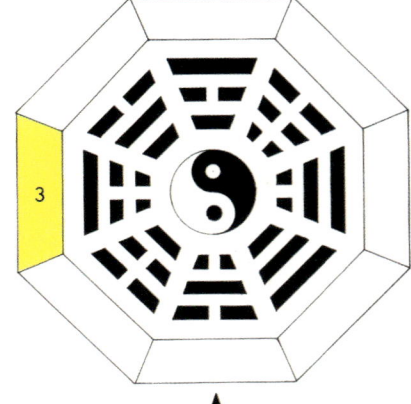

La Riqueza

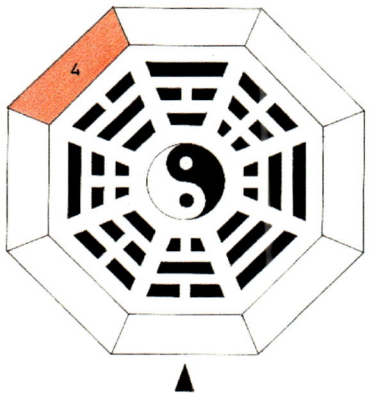

El Tai Ch'i

Los Benefactores

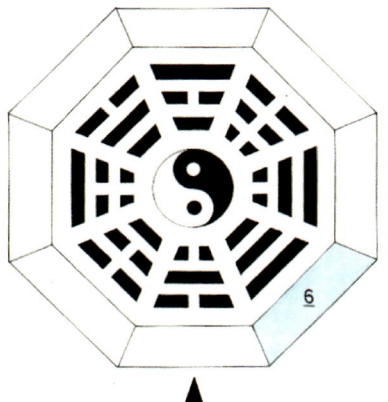

dones de nuestra vida: todo lo que nos aporte riqueza, incluso en las experiencias, promoción, honores... Como está relacionada con la energía del Viento, debe ser un lugar mutable, donde las cosas no deben estar bloqueadas.

Se puede situar la caja fuerte, moneda extranjera, joyas, piedras preciosas y objetos de colores metálicos. Es muy importante no poner muebles pesados, porquería o acumulaciones de ropa vieja. Para que sea una zona activa debe contener objetos que simbolicen la dinámica, el fluir de la energía; se puede instalar cualquier cosa que contenga agua en movimiento, e incluso los zapatos que usemos a menudo. Los colores más adecuados son el rojo, asociado a la fortuna, y el verde, por su energía de renovación. El órgano de esta zona es la vesícula biliar, por ello es conveniente no crear acumulaciones ni bloqueos, que podrían reflejarse en la actividad de este órgano.

También es adecuada para convertirla en la zona de control del dinero de nuestro despacho.

El Tai Ch'i

Es el centro de la casa, el punto de recogimiento, el centro vital, y debe ser lo más espacioso posible, sin estar cargado. Es conveniente que esté relacionado con la entrada o visible desde la entrada de la casa; también podría ser un pequeño patio o un jardín, lo importante es no utilizarlo como almacén ni como despensa, ya que está relacionado con nuestra salud y no debe bloquear de ningún modo la energía ni favorecer su estancamiento. También es importante que no quede obstruido por paredes o muebles; si esto sucediera, podríamos pensar en aumentar la energía colgando espejos en las paredes que lo cierran. Así mismo podría utilizarse como espacio de entretenimiento esporádico de la casa; se puede colocar un elemento que contenga agua en movimiento, una pequeña fuente o un acuario con peces, que activan con su movimiento el discurrir de la energía. Es el punto de recogida del Yin y del Yang y puede contener algo de ambos elementos. Las formas más adecuadas para esta zona son las completas, como las octogonales o redondas.

Esta zona siempre debe estar perfectamente limpia, en orden pero también en movimiento, como requiere la energía necesaria para garantizar la salud.

Los colores más apropiados para esta zona son los relacionados con la Tierra: el amarillo tenue, el ocre, el naranja, el arena y el marrón.

Los benefactores

Contiene una energía muy Yang representada por el trigrama del Cielo, una energía masculina. Esta zona es la indicada para recibir visitas, amigos o conocidos y a aquellos que quieran ayudarnos y apoyarnos.

Espiritualmente es la zona de las líneas directrices, de la compasión, de las ayudas del Cielo y de los ángeles. Puede ser un área adecuada para crear un centro terapéutico, donde efectuar tratamientos para hacer el bien a los demás y para recibirlo; es el área de la filantropía.

Es una buena estancia para conservar objetos recibidos y regalos, mejor si son de piedra, que estabilizan la energía del ambiente. Si falta en la casa puede influir en las relaciones con los amigos y con los colegas.

Al ser un área muy Yang, masculina, si es muy amplia puede ser problemática para las mujeres, teniendo que aportarle un poco de Yin: se puede colocar un jarrón con flores o plantas con arena y rocas. El órgano relacionado con esta zona es el pulmón.

La creatividad

Esta zona está particularmente adaptada para lo que queramos producir y desarrollar: proyectos, creaciones artísticas o hijos. Representa la manifestación física, sensorial de nuestros sentimientos, aquello que valoramos, donde ponemos el amor y el deseo que queremos realizar. Está relacionada con la producción en general, por lo tanto es adecuada para la experimentación de cosas nuevas: relaciones sociales y nuevos estímulos. Es una buena zona para situar un estudio, un laboratorio, la habitación de los niños, la cocina, un espacio para escuchar música, el arte o los encuentros sociales. Está relacionada con el trigrama del Lago, que lleva en sí las bases estables y la apertura hacia lo nuevo. También es adecuada para el juego, probablemente será la escogida por los niños para sus actividades. Está relacionada con el intestino grueso, que es el órgano que produce y materializa nuestros desechos; debe, por lo tanto, estar libre para permitir la libertad de movimientos y no debe quedar cargada con muebles y objetos pesados.

El conocimiento

Es la zona del conocimiento interior, de la contemplación, de la meditación. Es buena para reflexionar, para dejarse llevar por las propias emociones, para instalar una biblioteca, una videoteca: un rincón de relajación en casa. Lleva en sí la energía tranquila y estable del trigrama de la Montaña; es excelente para los estudios intelectuales y espirituales. Esta zona es la de la sabiduría y en ella se pueden conservar libros, archivos, documentos, investigaciones que nos ayuden a desarrollar esta facultad adecuadamente.
Es la estancia de la relación interior: si falta pueden crearse algunos problemas de autorrealización y de autoestima; si su extensión es excesiva, podemos concentrarnos demasiado en nosotros mismos y ser demasiado egocéntricos.
Se la relaciona con el estómago; si nuestra autoconciencia queda perturbada podrían crearse problemas de gastritis o úlceras, que proceden de una mala relación con el conocimiento de uno mismo. El color más adecuado para esta zona es el violeta, que posee vibraciones capaces de desarrollar la intuición y la introspección.

La fama

Esta zona es la relacionada con la iluminación interior, con la fama, el reconocimiento, no necesariamente público sino también personal, la conciencia del propio valor. Esta es la zona de las cosas que se refieren a la iluminación, a la energía del Sol, a nuestro reconocimiento; por lo tanto aquí debemos poner algo que active estas características. Puede tratarse de una buena iluminación, quizá constituida por lámparas de cristal, excelentes activadoras del Ch'i, o bien un equipo de música que enaltezca la energía vital e impregne el ambiente con vibraciones positivas; también se pueden colocar algunos libros relacionados con nuestra profesión o con nuestra realización personal y objetos o símbolos que, con su fuerza, mantengan alta nuestra conciencia interior (diplomas, trofeos, reconocimientos, estatuillas, estampas religiosas o símbolos mágicos). El color por excelencia relacionado con esta zona es el rojo, color de una gran fuerza activa, pero también vinculado al corazón y a la capacidad de apertura hacia el prójimo. En China las novias se visten de rojo, como símbolo de la pasión del corazón y de la buena fortuna.

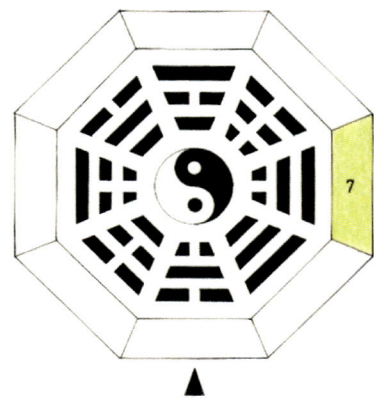

LA CREATIVIDAD

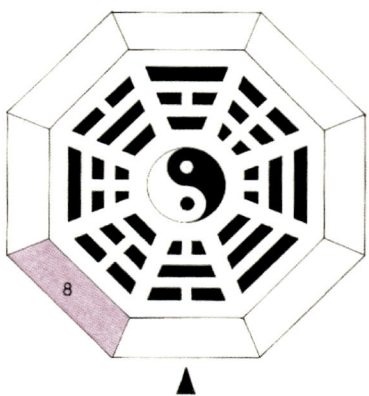

EL CONOCIMIENTO

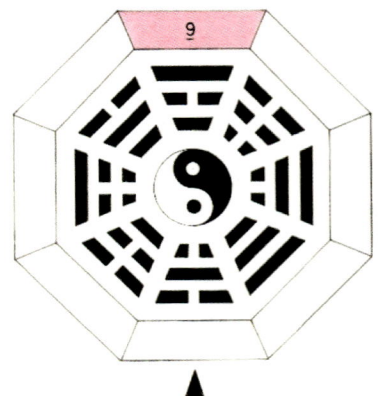

LA FAMA

Construcción en forma Madera. Arquitecto A. Bonini

La presencia de los elementos en las distintas estancias

Madera	plantas, papel y objetos de madera
Fuego	chimeneas, hornillos, estufas, iluminación
Tierra	cerámicas, porcelana, terracota, arcilla y barro
Metal	hierro, acero, plata, etc.
Agua	fregaderos, cubos, acuarios, fuentes

La energía de los elementos aplicada a los espacios habitables

Madera: la zona este

La zona este y sureste de la casa están relacionadas con el elemento Madera; este tipo de energía favorece el crecimiento y la expansión y conlleva el éxito material. Para potenciarla podemos colocar un objeto de madera, por ejemplo una escultura, un móvil o bien una planta con bonitas ramas que posean una energía de crecimiento hacia arriba. Esta zona está relacionada con la estación primaveral; por lo tanto aprecia la utilización de colores relacionados, como el verde, que puede aparecer en los objetos, en los muebles, o bien para pintar una puerta o las paredes de las distintas salas.

Las formas asociadas a este elemento son las rectangulares, que deben preferirse en la elección de los muebles o en la de los ambientes, y se pueden combinar con las onduladas (Madera más Agua). Está correlacionada también con la energía de la salida de Sol, que es una energía de crecimiento, fresca, positiva, que va hacia arriba, mira al futuro y hace germinar la potencialidad; por ello también es una excelente zona para instalar un estudio creativo, un rincón donde realizar nuestros proyectos o donde situar la habitación de los niños.

Con el elemento Madera se relacionan las formas de construcción que tienden hacia arriba: columnas, pilares, rascacielos o minaretes; con este tipo de energía se pueden construir edificios que se ocupen del crecimiento y la alimentación: escuelas, restaurantes, comedores, actividades culturales y estudios artísticos.

Fuego: la zona sur

La zona sur está relacionada con el elemento Fuego; este tipo de energía aporta el éxito, la fama, el reconocimiento de todos, pero es una energía disruptiva que debe mantenerse bajo control.

Para potenciar este elemento, la zona se activa con objetos que tengan un aspecto simbólico adecuado: es óptima para una chimenea o la cocina, para poner velas, quemar incienso y colocar difusores de esencias.

Los colores relacionados con ella son el rojo, el naranja y el amarillo. Los materiales que están más en consonancia son los de origen animal (cuero, lana, piel, pelaje, hueso, marfil, etc.) y el plástico.

Es una zona excelente donde se puede disponer la sala de relaciones sociales y familiares, como el comedor o la sala de estar y donde se pueden poner objetos que activen la energía del éxito: diplomas, trofeos, imágenes cargadas de energía positiva.

Es importante que pueda recibir al máximo los rayos del sol que luego distribuirá al resto de la casa durante el día. Es la zona relacionada con la fuerza del sol, lleva una energía de gran expansión y poder, y está asociada a las formas triangulares y

Construcción en forma Fuego. Arquitecto A. Bonini

*El Fuego: pintura de Tatsunori Kano
Alegría de Argo*

puntiagudas que, no obstante, deben usarse con moderación porque son símbolos de atención y peligro; se pueden equilibrar con formas cuadradas reequilibradoras (Fuego más Tierra).

Las construcciones que tienen este tipo de energía tienen formas que recuerdan las llamas: se trata, por ejemplo, de templos, torres, campanarios, casas con tejados puntiagudos; se favorecen las actividades relacionadas con la enseñanza (escuelas, gimnasios) y las estructuras que contengan animales (criaderos, establos, peleterías, etc.).

Tierra: las zonas centrales, suroeste y noreste

Estas zonas están relacionadas con el elemento Tierra y poseen la fuerza de la Madre Tierra y de los sentimientos relacionados con la familia; potenciarlas significa aportar armonía y alegría a la familia.

El elemento Tierra está relacionado con las estaciones intermedias, de paso, y corresponde a las fases de llegada de la naturaleza y de las relaciones humanas y a la estabilización ya sea física o emotiva. Los colores asociados a este elemento son los de la tierra, desde el ocre hasta los marrones. Las formas que deben utilizarse son las cuadradas, bajas y lisas por la energía estable que aportan. Como la tierra es un símbolo del centro y la estabilidad, las construcciones que se relacionan con esta son las tiendas, los depósitos y las despensas en la casa; los edificios comerciales más adecuados son los que practican actividades relacionadas con la producción de cerámicas, las actividades agrícolas y de ingeniería.

Metal: la zona oeste

La zona oeste se relaciona con el elemento Metal; este tipo de energía, densa y potente, se asocia al apoyo de personas poderosas y caritativas, a la amistad y a la fuerza del cielo. Si deseamos

*Construcción en forma Tierra.
Arquitecto A. Bonini*

Construcción en forma Metal. Arquitecto A. Bonini

potenciarla podemos colocar elementos de buena suerte en los tonos metálicos del oro y la plata. Es una zona relacionada con la estación del otoño, y el color que se le asocia es el blanco, en sus distintos matices, asociados a los colores metálicos; las formas preferibles son las redondas. En esta parte de la casa son adecuados los objetos familiares y los regalos de benefactores o amigos. Aquí se puede instalar tanto un estudio creativo como una oficina, puesto que estas formas redondeadas favorecen los flujos de dinero.

Agua: la zona norte

La zona norte de la casa está relacionada con el elemento Agua; este tipo de energía se asocia a la investigación, la prosperidad y la comunicación. Para potenciarla se puede situar una fuente o simplemente un jarrón con flores de color azul, controlando que el agua esté siempre en movimiento o que se cambie a menudo.
Es una zona relacionada con la estación invernal y, por lo tanto, aporta una energía descendente, introspectiva e incluso de repliegue en uno mismo.
Los colores que se le asocian son el azul, que se puede utilizar también en sus múltiples matices para obtener un efecto relajante, y el negro, que, en pequeños toques, atrae la profundidad del agua y simboliza el dinero.
Las formas asociadas al agua son las onduladas, en consecuencia, se pueden escoger algunos móviles con ángulos redondeados y alargados, incluso irregulares, objetos que recuerden el movimiento sinuoso de las olas y tejidos suaves y con caída, que reflejan perfectamente la atmósfera del norte.
En esta zona de la casa se puede situar el baño, por la natural presencia de agua en dicha estancia; es una excelente posición para la entrada, porque este tipo de energía favorece el flujo del Ch'i en el interior de los ambientes.
También es una buena zona para las habitaciones, por la tranquilidad y la relajación que transmite este elemento.
A este tipo de energía se asocian las construcciones con formas irregulares, no definidas, complejas.
Como el elemento Agua está relacionado con la riqueza o la comunicación, las estructuras de este tipo son adecuadas para acoger estudios de comunicación, de marketing, publicidad e incluso laboratorios tecnológicos.

Construcción en forma Agua. Arquitecto A. Bonini

El Agua: pintura de Tatsunori Kano Sin título

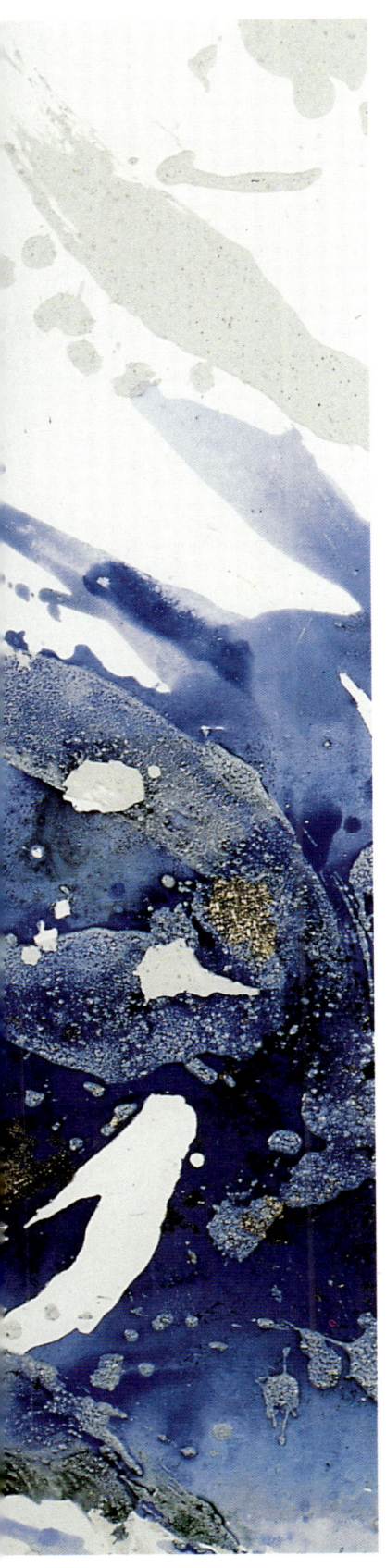

La elección de una nueva casa

La importancia del lugar

Cuando se tiene la posibilidad de escoger el lugar donde se desea construir la propia vivienda, uno ya está en una posición muy privilegiada. Ante todo se intentarán valorar los componentes presentes en el territorio:

— tipo de aire y de clima (seco, riguroso, húmedo, cálido, fresco, sofocante);
— tipo de terreno presente (calcáreo, arcilloso, arenoso, rocoso, pantanoso, etc.);
— presencia de vegetación;
— presencia de animales domésticos y salvajes;
— exposición al sol;
— presencia de cursos de agua, superficiales o subterráneos (ríos, lagos, torrentes, canales, riachuelos, acuíferos, etc.);
— presencia de construcciones circundantes;
— presencia de montañas, cadenas rocosas, valles, pantanos;
— formas circundantes.

Tras una primera observación de la zona y del sitio preciso sobre el que se desea construir, debemos efectuar un reconocimiento detallado y profundo para conocer mejor la conformación del territorio y de la zona. Como no siempre se puede intervenir sobre todos los factores descritos más arriba, intentaremos determinar cuáles son los más favorables para poder elegir de manera inteligente y consciente.

Si podemos escoger libremente el lugar donde construir nuestra casa, se favorecerá un lugar con un clima seco y fresco, movido por ligeras brisas y no estancado.

El tipo de terreno que se preferirá es el calcáreo, no arcilloso, ya que este tiende a retener el agua y dejarla estancada en el subsuelo; un excelente terreno es rico en hidrógeno y minerales, debe estar bien drenado y con presencia de grava debajo; también debe ser llano y regular.

La presencia de vegetación espontánea es, ya de por sí, un factor positivo: donde crece y prospera la naturaleza está la energía vital y por lo tanto deben acogerse con alegría las formas naturales en todas sus expresiones. Incluso entre las plantas se pueden encontrar algunas más o menos adaptadas enérgicamente a integrarse en el hábitat humano. La presencia de árboles grandes con hojas anchas produce una sensación de protección y seguridad; la presencia de árboles jóvenes, quizás floridos o frutales, da a la casa una energía de crecimiento y desarrollo que puede crear nuevos estímulos y optimismo a los que la habitarán. Las matas, los setos y las plantas bajas pueden crear luego zonas de límite o parterres alrededor de la

casa, que delimitarán y determinarán áreas muy precisas. La elección de plantas en flor de colores en sintonía con la casa aumentará particularmente la energía Ch'i (ver págs. 69-91).
Al igual que con la vegetación, la presencia de animales también es sinónimo de vitalidad y energía; por lo tanto podemos alegrarnos de su presencia, favoreciendo su acercamiento ofreciéndoles comida, agua y cobijo. La presencia de especies animales molestas o peligrosas (arañas, topos, víboras, avispas, etc.) puede ser contenida adoptando algunas estratagemas que desvíen sus recorridos, por ejemplo alojando cerca de nosotros a algún animal antagonista (gato, perro, salamandra, tortuga, etc.) o utilizando plantas y flores con perfumes y sabores desagradables para ellos. No debe olvidarse que incluso estos huéspedes desagradables contribuyen a mantener el ecosistema de un lugar, y que por lo tanto es necesario aceptarlos, pero con serenidad, para no desnaturalizar el ambiente.
Una cosa muy importante es cómo orientar la casa respecto al sol: es fundamental beneficiarse de su extraordinaria energía el máximo de horas posible; por lo que es conveniente disponer las habitaciones donde se desarrollan las actividades diurnas (cocina, comedor, sala de estar, estudio, etc.) hacia el sur o el este; las habitaciones y los espacios dedicados a la relajación y la meditación hacia el norte, que con su energía Yin es más adecuado para favorecer los estados de relajación y descanso. Una buena zona para situar estudios, laboratorios y actividades relacionadas con el comercio y los bienes materiales es el oeste,

Arriba, paisaje de Yorkshire

Paisaje de Marruecos. Fotografía de Paolo Bruttini

relacionado con la energía del Metal y del dinero.

Recordemos que el sol acarrea mucha energía Yang y por eso deberá dejarse entrar con generosidad en casas que necesiten ser reequilibradas, mientras que deberá limitarse su entrada, filtrándolo en parte, en casas que estén muy expuestas y sean muy soleadas.

La presencia de agua en el terreno deberá valorarse siempre con mucha atención, puesto que puede ser portadora de energía positiva o negativa. El agua en movimiento es de por sí beneficiosa, mientras que las aguas estancadas, pantanos, marismas o capas acuíferas subterráneas pueden emitir radiaciones ionizantes negativas y, por lo tanto, deberá analizarse en caso de que estén muy cerca o debajo del área donde deseamos construir la casa. La presencia abundante de agua cerca de una casa debe contenerse o corregirse, delimitándola por ejemplo con terraplenes o con la vegetación de modo que no represente una amenaza para los habitantes; en cambio la ausencia total de este elemento puede resolverse con la realización de un pequeño riachuelo, de un lago artificial o una fuente, que aportan energía purificadora y equilibrante al lugar.

El análisis del entorno y las construcciones de los alrededores será particularmente importante si están muy cerca del lugar donde edificaremos: las estructuras muy imponentes o con aristas puntiagudas y los elementos arquitectónicos con formas amenazadoras perturbarán a los que ocupen estos espacios y en consecuencia estaría bien evitar su cercanía.

Es mejor evitar vivir demasiado cerca de hospitales, cementerios, casernas, mataderos, iglesias, puesto que este tipo de edificios posee energías muy violentas o viciadas. En cambio son muy positivas las construcciones asociadas a actividades de desarrollo y crecimiento como escuelas, gimnasios, terrenos de juego, parques, zonas naturalistas protegidas, etc. Los centros comerciales, estadios, bancos, fábricas, etc., deberán valorarse caso por caso, según se decida vivir en zonas con muchos servicios y actividades o se busque tranquilidad y relajación.

Si, en cambio, no se construye una casa nueva, sino que nos mudamos a una vivienda ya existente con problemas respecto al entorno, se puede pensar en protegerse o incluso en aislarse de este plantando árboles que tengan un tronco muy alto, o setos y matorrales altos, que oculten los elementos que trastornen la visión y que, de ese modo, amortigüen el ruido.

También se puede considerar reducir el número de ventanas o puertas que den a zonas problemáticas, recordando no obstante que no se puede intervenir reduciéndole el tamaño a la puerta de entrada, que siempre tiene que ser muy visible y valorada. Si en algún momento nos sentimos en una situación de infelicidad, se puede pensar en cerrarla y crear otra nueva en un lado mejor de la casa.

También la colocación de estatuas y elementos decorativos o de buena suerte en el exterior de la casa hace que se cree un ambiente protegido para los habitantes y visitantes. Las formas que rodean el edificio en el que vamos a vivir o a trabajar deberían estar en armonía, tanto con estas como con el paisaje del entorno, y por lo tanto su preciso análisis nos permitirá aprovechar las más beneficiosas y modificar las negativas. Es importante rodearse de formas redondeadas, onduladas, curvilíneas, que con la suavidad de su movimiento permitan al Ch'i insinuarse en cada ambiente y circular en su interior sin obstáculos; por lo tanto, para facilitar su recorrido, será muy

ALGUNAS SITUACIONES

- La presencia de colinas o montañas detrás de la casa es positiva si le ofrece una protección natural y apoyo; no obstante no deben estar justo detrás para no crear sensación de opresión o amenaza.

- Una casa situada en una colina redondeada es positiva, pero no debe estar justo en la cima y expuesta a la intemperie y agresiones del Sha.

- Una casa situada en un valle es positiva siempre que no padezca un Ch'i descendente demasiado fuerte y veloz, que podría estancarse y no distribuirse correctamente en los distintos espacios. Cuando existen vías de fuga demasiado fuertes se puede retener la energía instalando palizadas, setos y árboles. Cuando el Ch'i tiende a estancarse, se puede activar y estimular su movimiento creando zonas con agua corriente o aumentando la iluminación externa.

- Un edificio situado en una cuenca necesita ser aligerado con huecos, aperturas en dirección a los lados más expuestos a la energía del viento y el sol, de modo que esta pueda insinuarse en los distintos espacios y aportar su carga vital.

- Una casa construida cerca de un curso de agua o del mar puede beneficiarse de este elemento, pero no debe ser investida con brusquedad por esta fuerza. Es importante que el agua esté en movimiento, que no tienda a desbordarse, que tenga unos márgenes seguros y que esté situada delante o al lado de la casa respecto a la fachada principal, puesto que, detrás, constituiría una amenaza.

Arriba a la derecha: en esta construcción se han utilizado únicamente materiales naturales, principalmente adobe, que garantiza la conservación del calor del invierno y el frescor de verano, y una excelente transpiración de las paredes. Las formas y los colores se integran armoniosamente con el paisaje del entorno.
Arquitectos A. Facchi y B. Narici

A la izquierda, un caserío completamente recuperado desde el punto de vista estructural y medioambiental; fue reformado basándose en algunos puntos fundamentales: la recuperación de los materiales originales (ladrillo visto y cimbras de madera), la abertura de grandes ventanas que dan al campo del entorno y el mantenimiento del volumen original a doble altura.
Arquitecto P. Pozzi. Fotografía de O. Sancassani

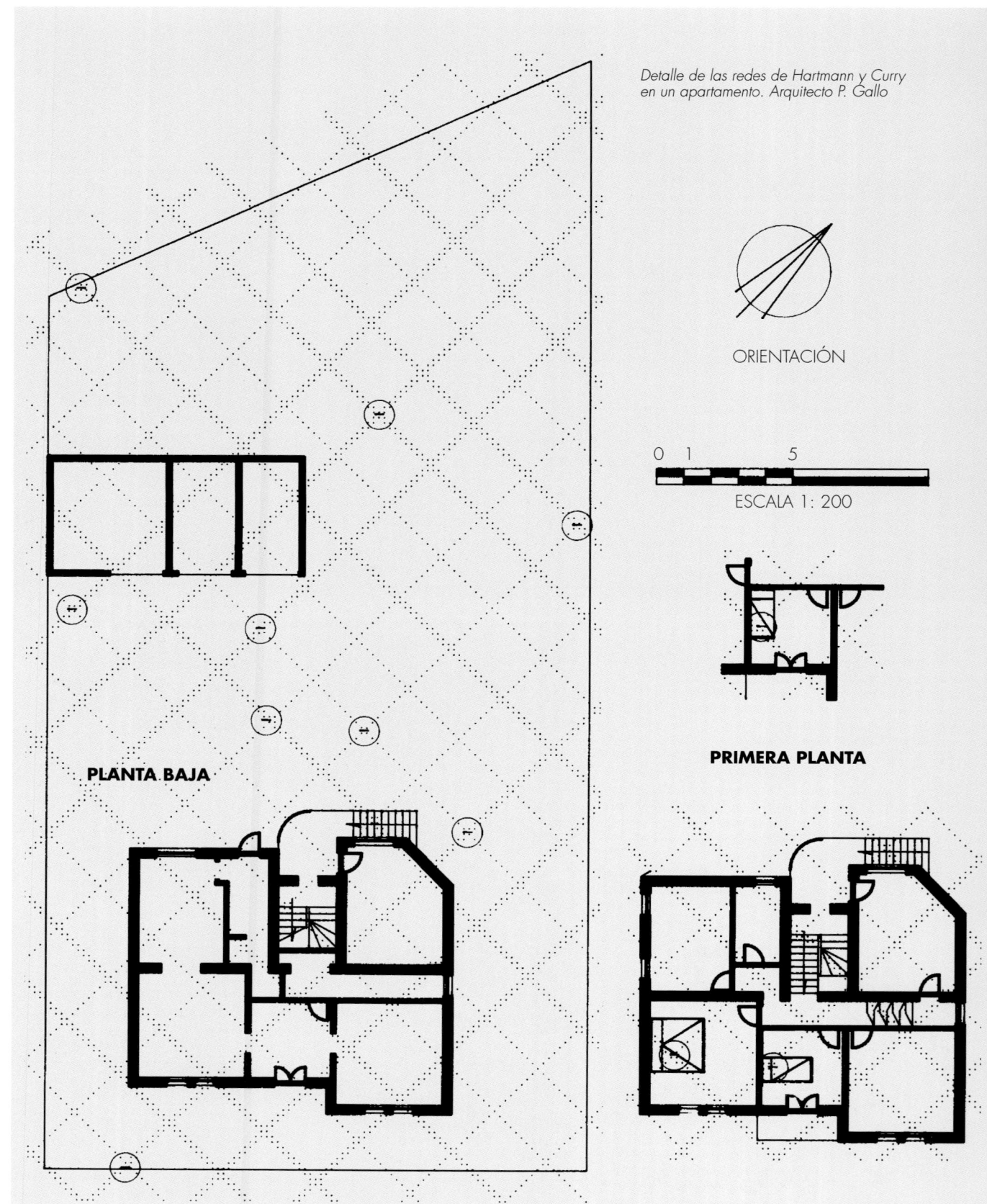

Detalle de las redes de Hartmann y Curry en un apartamento. Arquitecto P. Gallo

ORIENTACIÓN

ESCALA 1: 200

PRIMERA PLANTA

PLANTA BAJA

conveniente rodearse de árboles, matas o setos, de formas suaves o ligeramente alargadas, por cursos de agua serpenteantes o lagos de formas irregulares o redondeadas, senderos sinuosos y caminos zigzagueantes y nunca calles rectilíneas que apunten directamente a la entrada de la casa. En general los paisajes tranquilos, campestres, con cursos de agua y sombríos aportan energía Yin y estimulan la reflexión, mientras que las ciudades y metrópolis densas y con ritmos frenéticos, lugares soleados y cálidos, aportan una estimulante energía Yang e incitan a la acción.

Las grandes revelaciones espirituales se han sucedido siempre en las montañas o altas cimas, gracias a la proximidad de la fuerza del cielo, mientras que las grandes intuiciones prácticas han surgido de la contemplación de ríos o a nivel del mar, que une la energía Yin con la fuerza concreta de la Tierra.

Geobiología y geomancia: las redes electromagnéticas

Desde siempre el hombre se ha servido de la energía de las grandes redes telúricas para construir, a lo largo de sus líneas, campamentos, zonas habitadas, templos e iglesias; es la energía que los antiguos denominaban geomancia, es decir el estudio de los fenómenos de la Tierra a través de la adivinación. Se trataba de observar las señales que la Tierra transmitía para comunicarse con el hombre. El nacimiento de un tipo determinado de plantas en un lugar, la presencia de cierto tipo de animales en otro, el curso de un río y sus eventuales mutaciones, el vuelo de los pájaros y la observación de tantos otros fenómenos naturales permitía al hombre conocer mejor el lugar donde mudarse y disfrutar al máximo de las energías beneficiosas de la Tierra.

Los documentos más antiguos sobre la utilización de la geomancia y la radiestesia para encontrar los yacimientos minerales y fuentes de agua proceden de la antigua China y se remontan a hace aproximadamente unos 4.000 años. Más tarde celtas, etruscos, egipcios, griegos, persas y romanos utilizaron las capacidades sensoriales de algunas personas muy dotadas para identificar los mejores lugares donde construir templos, santuarios, hábitats. Los testigos de esa actividad son los dólmenes y los menhires de los celtas (2.200-2.500 a. de C.), que se encuentran situados en el cruce de las capas subterráneas de agua o minerales, pero siempre externamente a sus campos de influencia.

Los etruscos construyeron sus viviendas y sus necrópolis en zonas donde había fuertes electromagnetismos naturales, así como las pirámides egipcias, que fueron creadas como grandes condensadoras de energía y servían para preservar los espíritus de los faraones. Los antiguos romanos construyeron imponentes edificios de culto en zonas donde había una alta concentración de energía beneficiosa y sus principales arterias de comunicación se encuentran en línea con los grandes campos

El Agua: pintura de Tatsunori Kano Jet Stream

electromagnéticos naturales; lo mismo sucedió en el caso de importantes catedrales medievales como Chartres, Nîmes, etc., en cuanto a iglesias y lugares de culto. De la antigua geomancia china y occidental nos ha llegado la geobiología de hoy, la ciencia que se ocupa de descubrir cómo la influencia de las radiaciones geopatógenas (electromagnéticas, cosmotelúricas, ionizantes, etc.) se manifiesta, se expande e interfiere con la salud del hombre y el mundo animal y vegetal en general.

La geobiología, al igual que la antigua geomancia china, se ocupa de las interacciones entre Cosmos, Tierra y Ser Animado.

La Tierra está rodeada de campos energéticos tridimensionales, que parten de la biosfera y la penetran hasta unos 100 metros por debajo de la corteza terrestre. Para determinar estas fuentes de energía se pueden utilizar instrumentos científicos, como puede ser el geomagnetómetro, o también determinaciones radiestésicas con el péndulo, el biotensor, el manillar rabdomántico o la loboantena, que nos permitirán localizar capas acuíferas, fallas o fracturas del terreno, campos geomagnéticos de Hartmann o Curry. También las plantas y los animales son sensibles a la presencia de los nodos de los campos electromagnéticos: árboles situados en estas zonas se ponen enfermos y pueden desarrollar algunas formas tumorales; en cambio, algunos animales (gatos, hormigas, abejas, etc.) los prefieren y los buscan o construyen sus propios nidos justo encima. Cuando se haya localizado la posición y los puntos de paso de estos fenómenos, se intentarán determinar las eventuales zonas de cruce de todos los campos electromagnéticos y se evitará colocar la cama o las zonas de descanso de día justo encima de los nodos generados por estos.

La influencia de los cursos de agua

El agua es la vida que fluye, tiene movimiento, es naturaleza. Para los chinos es la energía purificadora, permeable a todo, que lo contiene y lo genera todo. Se asocia a la fortuna y al dinero, ya que es una energía que fluye y que genera nueva vida.

Cuando una vivienda no está cerca de un río, un mar o un lago, el elemento Agua debe recrearse con algo equivalente; se colocará entonces un acuario, una pecera o una fuente con el fin de bloquear las malas influencias y favorecer la buena suerte. La fuente también proporciona más energía gracias a la propulsión del chorro de agua; puede formar una protección visible para la energía demasiado violenta porque cuando está expuesta al sol se forma el arco iris, que lleva una gran carga energizante. El agua, al caer, crea iones negativos que aumentan el Ch'i del aire; el ruido que produce, si no es demasiado fuerte, dinamiza la atmósfera.

Según el Feng Shui, un curso de agua que esté cerca de una propiedad al este o al oeste es más favorable que otra que proceda del norte o el sur. El agua debería fluir siempre por delante de los edificios; como esto no sucede siempre de un modo natural, los chinos construían peceras ornamentales frente a la entrada principal y, si no era posible, se introducía un elemento relacionado con el agua que tomase la dirección de la casa de modo que diera la impresión de abrazar el edificio, enviándole el beneficioso Ch'i.

La lluvia es uno de los fenómenos naturales con el que se manifiesta el elemento Agua. Expresando el vínculo entre la energía del cielo y la de la Tierra, crea una unión ritual y cíclica que genera vida. Es importante también para nosotros aprovechar la carga positiva de la lluvia, sobre todo cuando nos

La falta de agua provoca relevantes transformaciones del paisaje hasta crear ambientes desérticos

encontramos en lugares no contaminados. Como sea, también en la ciudad, antes de un temporal es conveniente que nos aseguremos de cerrar bien las ventanas y las puertas de nuestra casa, puesto que las cargas eléctricas presentes en el aire son muy altas y pueden crear nerviosismo y trastornos a las personas y a los animales. Mientras llueve, en cambio, podemos abrirlas y beneficiarnos de los iones negativos que produce la lluvia, respirar profundamente, sentir su olor y percibir su energía purificadora. Cuando acabe el aguacero, nos daremos cuenta de cómo toda la atmósfera que nos rodea está más limpia, cómo se ha aligerado el aire e incluso cómo se ha reequilibrado nuestra mente.

Los ríos y los cursos de agua naturales llevan una energía vital y positiva cuanto más vivos sean y más movimiento tengan, y cuanto más protegidos estén por sus márgenes. La energía es particularmente positiva cuando el río está poblado por una fauna icítica y rodeado de vegetación, que con sus raíces sirve también de margen y límite a su recorrido. La energía estancada de los ríos con poca agua o con poco movimiento es, en cambio, negativa y crea un clima malsano que resta vitalidad al ambiente. Asimismo los ríos con una corriente demasiado veloz e impetuosa tienen un Ch'i demasiado violento que conlleva peligro, sobre todo si su curso apunta hacia lugares habitados. El mar representa bien la unión del Yin, típico del agua, y el Yang, vinculado a la presencia de sales minerales, y es uno de los lugares naturales más variados y completos para las energías que representa. La presencia de fauna marina, flora, vegetación, piedras, arena, de formas llanas o puntiagudas, profundas, de colores y minerales lo convierten en uno de los ambiente más extraordinarios y ricos de la Tierra.

Por lo tanto, incluso cuando estemos lejos del mar, es conveniente llevar un poco de su energía al interior de nuestro ambiente, en forma de cuadros o imágenes que lo representen, de conchas, esponjas, arena, caballitos de mar, peces, estrellas marinas y todo lo que haga referencia a este extraordinario elemento.

El lago es una forma de agua más Yin que el mar, puesto que se trata de agua dulce. También las formas de los lagos son típicamente Yin, llanas, redondeadas, tranquilas, profundas y oscuras, introspectivas. Este lugar es adecuado para personas que deseen descansar, dejarse llevar por sus propias emociones, reflejar su propia vida como se refleja en el espejo del agua.

La profundidad del lago se asocia a menudo a la de nuestras emociones, de la oscuridad que la caracteriza han surgido muchas criaturas fantásticas: hadas, ninfas, monstruos, animales legendarios, que representan lo inconsciente y nuestras emociones infantiles.

Es mejor evitar vivir en una casa situada debajo de la depresión del terreno del lago, posición que genera una sensación de amenaza, o cerca de aguas estancadas, que indica un mal Ch'i. Los cursos de agua subterráneos disfrutan de la particularidad de asociar la energía específica del agua con la de la tierra y las rocas por las que se filtra, y con cuyas características se enriquecen. Así tendrán propiedades más o menos positivas según los minerales y metales que contengan y según su polaridad. La presencia de cursos de agua debajo de las viviendas puede ser perjudicial si la resistencia con el terreno provoca una inversión de la polaridad del agua dando lugar a radiaciones ionizantes negativas. Por eso es aconsejable investigar la composición del subsuelo (por un geólogo o un rabdomante experto) antes de adquirir una vivienda, y si se detecta la presencia de un curso de agua

subterráneo, es deseable no situar justo encima las camas, el estudio o las zonas de descanso.
A menudo, las aguas subterráneas desaguan en fuentes o cascadas, donde liberan la energía que han acumulado y desarrollan, en contacto con el aire, una gran cantidad de iones negativos favorables para la salud. Las llamadas «aguas santas» llevan en sí la energía de minerales, metales, terrenos por los que discurren y que les han conferido propiedades terapéuticas y —se dice de algunas— milagrosas. Estas aguas se utilizan también en los establecimientos termales y según su composición fisicoquímica, pueden poseer funciones curativas y reequilibrantes del sistema nervioso y del organismo.

Qué preguntas deben plantearse

Cuando se tenga que escoger una casa, se intentará entender qué tipo de energía está presente en el lugar y si se corresponde con nuestra sensibilidad y nuestras exigencias; una primera valoración perceptiva, nos ayudará ya a distinguir las posibilidades que tenemos de sentirnos en un lugar determinado. Si nos sintiéramos poco seguros o confundidos por lo que percibimos, podemos confiar en algún experto de Feng Shui que nos ayudará a «sentir» la energía de la casa y del lugar y a entender si está en sintonía con la nuestra.
Luego existen las posibilidades «objetivas» de la elección, basándonos en principios de

*Incluso en los edificios occidentales se puede encontrar una sabia combinación de equilibrio arquitectónico y armonía de las formas. La reestructuración de este palacete de principios de siglo en Bolonia lo ha devuelto a las condiciones originales, recuperando su aspecto exterior y recreando el equilibrio entre vegetación y arquitectura.
Arquitecto R. Maci*

En la realización de este chalet se ha dado prioridad a las formas curvilíneas y a materiales de tradición local, como el ladrillo visto. Se han realizado amplias ventanas de cristal para insertar mejor toda la estructura en el entorno rural y privilegiar la relación con el exterior. Chalet privado en Medicina (BO). Arquitecto R. Maci

armonía y bienestar sobre los que siempre es bueno reflexionar antes de alquilar o de adquirir un espacio para habitarlo.
Ante todo podemos plantearnos algunas preguntas respecto a la casa:

• ¿Ha suscitado una buena impresión en su primer contacto?

• ¿Existe una buena circulación de aire?

• ¿Sabemos quién ha vivido en la casa antes que nosotros? ¿Por qué motivo los inquilinos precedentes dejaron la casa?

• ¿Disfruta de una buena exposición a la luz natural?

• ¿Tiene suficientes aberturas (puertas, ventanas, etc.)?

• ¿El recorrido para llegar a la entrada es ágil o dificultoso (escalones, caminos, plantas, ascensor, aristas u objetos, etc.)?

• ¿Está en una zona tranquila o con mucho tráfico?

• ¿Está rodeada por otras construcciones o aislada?

• ¿Está construida con materiales buenos y fuertes?

• ¿Las instalaciones son normativas y ecológicas?

• ¿Posee una zona externa (balcón, terraza, jardín, etc.)?

Tras estas preguntas básicas, se pueden añadir otras más personales, para ver si el entorno de los alrededores es parecido al

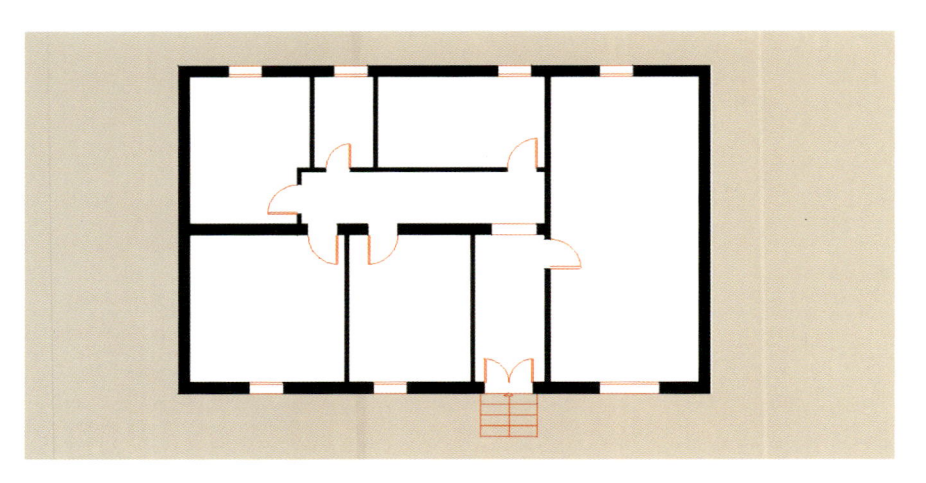

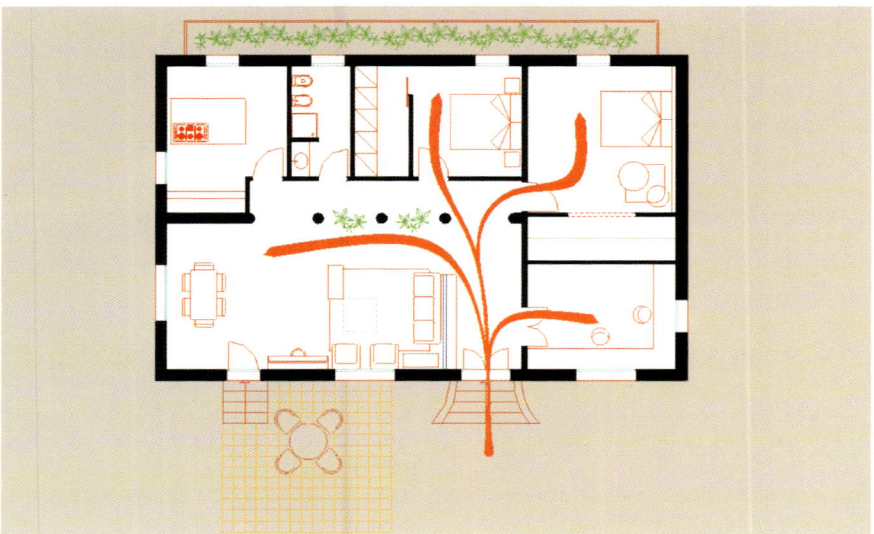

En este proyecto de reforma se ha querido favorecer el flujo del Ch'i tirando las paredes de las habitaciones y el recibidor, creando una zona de día abierta y que comunica con la veranda al este, donde se puede comer al aire libre. Las habitaciones se han situado en la zona norte de la casa, que favorece el descanso, y al oeste se ha creado un invernadero a lo largo de toda la pared exterior de la casa. Chalet en Pianoro (BO). Arquitecto R. Maci

que estamos buscando o no. La elección de una nueva vivienda, o de un nuevo lugar de trabajo, debería seguir algunos requisitos fundamentales que nos puedan garantizar el éxito:

• Ambientes espaciosos y con techos de mediana altura (3-3,5 metros).

• Buena iluminación natural.

• Facilidad de aireación de los espacios y apertura a calles con poco tráfico (¡al menos algunas!).

• Presencia de espacios en contacto con el exterior en la parte más tranquila de la casa o, al menos, la proximidad de un jardín público.

• El edificio no deberá estar demasiado poblado y es necesario informarse sobre el vecindario.

• Conocimiento de la historia de los inquilinos que nos han precedido.

• Comprobación de las zonas de paso de las canalizaciones de agua y gas.

• Control de la presencia de contaminación por *electrosmog* artificial externo e interno.

Reestructuración de un interior en Piombino. Originariamente el apartamento presentaba la escalera de acceso a las plantas superiores frente a la puerta de entrada, con una columna de cemento armado en medio, que no permitía que la energía se difundiera por el interior del ambiente. La intervención correctora ha previsto una rotación de la primera rampa de las escaleras, la corrección de las formas del falso techo y de las aristas de las escaleras y las paredes, para lo que se ha utilizado un acabado de estucado veneciano azul agua. Arquitecto A. M. Marrocco. Fotografía de O. Sancassani.

• Comprobación de la bondad de las energías residuales negativas a menudo necesarias para la casa en zonas de alta densidad de población, que retengan mayor energía humana.

• Ejecución de un estudio geobiológico.

Las reformas

Una vez efectuada la elección de la casa, se realizarán las intervenciones necesarias para que esta se parezca a lo que deseamos que sea; si la elección se ha realizado sin limitaciones económicas y prácticas ya está hecha una buena parte del trabajo. Si eso no ha sido posible, podemos prever la realización de reformas más o menos sustanciales.
Si se trata de pequeñas modificaciones o bien de reformas u obras más importantes, lo que importa es que incluso en esta fase seamos concientes de la acción que deseamos desarrollar.
Pensemos en nuestra casa como en un cuerpo donde todo debe funcionar en armonía: para ello es preciso tener en cuenta todas sus partes, incluso las secundarias, porque si acumulamos o descuidamos algunas zonas se pueden crear bloqueos energéticos. El trabajo que realiza el Feng Shui con los ambientes es paralelo al de la acupuntura china y la reflexología en nuestro cuerpo.
A continuación les presentamos una lista de las principales actuaciones para crear una buena base de trabajo del Feng Shui:

• Limpieza general de los espacios incluso en caso de que se realicen grandes reformas y obras.

• Eliminación de los muebles viejos abandonados por los inquilinos precedentes.

• Sustitución de los suelos existentes eliminando si es posible el sótano; las energías que se depositan debajo son las más difíciles de eliminar.

• Eliminación del viejo papel pintado o de tejidos.

• Sustitución de las viejas estructuras y puertas exteriores; sustitución completa de los viejos sanitarios.

• Elección de materiales: deberán preferirse los naturales, evitando «sellarse» en casa con cemento armado, PVC, dobles ventanas, fibras plásticas, sintéticas, etc., dejando que la casa respire y pueda renovarse con el aire exterior.

• Comprobación de las instalaciones de gas, electricidad, agua y calefacción: evitemos que las cañerías pasen por debajo o por las paredes adyacentes a las camas y zonas de descanso o de estancia.

• Escogeremos con cuidado la empresa que ejecutará las reformas. Lo mejor sería poder hacer solos el máximo de trabajos posibles, quizá con la ayuda de personas próximas o amigos.

La limpieza del espacio y la eliminación de restos energéticos

Cuando se hayan ultimado los trabajos de reestructuración, antes de efectuar el traslado, o cada vez que queramos aportar nuevas energías, podemos efectuar una limpieza del espacio. Existen numerosas técnicas para efectuar este trabajo según las distintas escuelas de Feng Shui:
Las estaciones más activas del año son la primavera y el verano, ya que en estos periodos la energía

Plantas, velas y difusores son algunos de los elementos básicos en la tarea de eliminar restos energéticos. Oficina Botánica

RITUAL DE PURIFICACIÓN

Para activar la energía vital de nuestra casa podemos efectuar este ritual que incita a la compilación de los cinco elementos que rigen la vida: en un recipiente de metal (elemento Metal) lleno de agua (elemento Agua) pondremos flores (elemento Madera), una vela (elemento Fuego) y un bastoncito de incienso (elemento Aire). Encenderemos la vela y el incienso, escogiendo entre los distintos perfumes: para la entrada en una casa nueva es muy adecuado el ámbar, para recibir protección podemos utilizar mirra; para meditar, el sándalo.

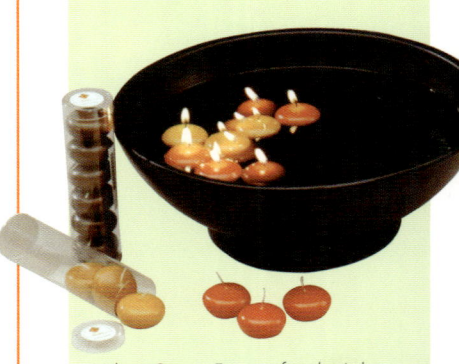

Velas. Cinus. Fotografía de Aslay

Ch'i es más Yang y ascendente. El trabajo se efectuará por la mañana, preferiblemente en un día seco y soleado. Se evitarán los días lluviosos o tormentosos; de ese modo las viejas energías, que tienden a estancarse en los rincones húmedos y oscuros, podrán salir más fácilmente. La energía del sol naciente es una energía de renovación y purificación. Realizaremos este trabajo solos o junto a la persona con quien compartiremos el espacio, siempre que sea consciente y esté convencida de lo que haremos. Antes de iniciar la limpieza tomaremos una ducha y nos crearemos una protección personal realizando algunos ejercicios de yoga, de entrenamiento autógeno o utilizando flores de Bach, o cualquier otra técnica que nos relaje y nos dé fuerza.

Nos aseguraremos de que estamos en buena forma, sin malestares o trastornos; durante el trabajo beberemos abundante agua natural a temperatura ambiente.

Escogeremos una mañana en la que no tengamos problemas de horario y después de una noche durante la que hayamos descansado bien.

Llegados a este punto abriremos todas las ventanas y las puertas, incluso los postigos y los espacios anexos y, si no es posible dejarlos abiertos todo el tiempo, al menos deberán permanecer abiertos durante media hora; eventualmente podemos dejar abiertas de vez en cuando las habitaciones en las que nos encontremos. Procederemos de estancia en estancia, según la profundidad del trabajo que deseamos realizar y del tiempo del que dispongamos; también podemos escoger hacer sólo un espacio en un día. Pondremos aceites esenciales o incienso en un difusor para el ambiente escogiendo una de las esencias más indicadas para los trabajos de purificación (ver págs. 148-150). Es mejor efectuar la limpieza del espacio en un silencio absoluto y deteniéndonos de vez en cuando para realizar ejercicios de respiración y relajación.

Abriremos los armarios, las cómodas, los cajones, los zapateros y cualquier mueble cerrado y eliminaremos todos los objetos rotos y las cosas que no utilicemos desde hace algún tiempo. Haremos el mismo trabajo con las librerías, las estanterías, los muebles suspendidos, mueblecitos y otros.

Situaremos en los distintos contenedores y cajones un difusor

PARA EVOCAR LAS ESTACIONES

Primavera: rama de árboles frutales en flor, o un cuadro que los represente, algo verde o sus matices, por ejemplo una toalla o un cubrecama.

Verano: cestas de fruta, o imágenes que lo representen, una vista marina, una imagen solar, tejidos de colores anaranjados, amarillos o dorados.

Otoño: cestos de fruta seca, imágenes de árboles con hojas rojas, amarillas y marrones, imágenes de animales otoñales, de bosques; colores blancos, ocres, oro oscuro, ramas, marrones para los objetos.

Invierno: velas, flores y plantas invernales, imágenes natalicias y nevadas, trozos de canela, rusco, aquifoliáceas, tejidos azules, plateados o morados.

Velas par la limpieza del espacio. Cinius. Fotografía de Aslay

de esencias perfumado, escogiendo entre las fragancias que más nos gusten o según sus propiedades. Sacudiremos los sofás, colchones, tapetes, cubrecamas, cojines y los dejaremos al aire libre, expuestos a la luz del sol, delante de las ventanas; sacaremos el polvo de todos los muebles y de todas las superficies de madera, protegiéndolas con cera de abeja, que posee propiedades antiestáticas.

Si utilizamos un aspirador tenemos que tener cuidado de poner una bolsa recoge polvo nueva que se tirará al final del proceso, retiraremos las telarañas; lavaremos con cuidado los cristales y las superficies de cristal con la ayuda de vinagre o alcohol; limpiaremos las superficies plásticas con alcohol, tiraremos las flores marchitas y secas, eliminaremos las plantas que no estén muy frescas y las sustituiremos por otras plantas frescas.

Desembarazaremos los rincones, detrás de las puertas, retiraremos las cosas apoyadas en las paredes y pondremos en los principales rincones, en relación con los cuatro puntos cardinales, un recipiente que contenga sal gorda, que absorbe y reequilibra las energías negativas.

Deberemos retirarlo al cabo de veinticuatro horas después de haber realizado la limpieza. Mientras efectuamos este trabajo, si deseamos que sea más eficaz, podemos encender velas de colores en cada habitación utilizando el color adecuado a cada dirección:

— blanco para el oeste;
— rojo para el sur;
— azul para el norte;
— verde para el este;
— amarillo u ocre para el centro de la casa.

Lavaremos el suelo evitando los detergentes químicos; preferiremos los de base natural, añadiendo algunas gotas de esencia del perfume escogido.

Sustituiremos las bombillas fundidas, tiraremos las revistas y los libros viejos, y retiraremos de los armarios todo lo que no usemos habitualmente; pondremos los zapatos en un zapatero y no los dejaremos que den vueltas por la casa. Adecuaremos nuestra casa a la estación en la que nos encontremos: bastan algunos pequeños detalles para que la casa entre en sintonía con el ambiente del momento.

Cuando las velas se hayan terminado, abriremos de nuevo todas las ventanas y las puertas y dejaremos que el aire circule libremente durante al menos media hora. Ahora se pueden sustituir las esencias por otras con efectos reequilibrantes y energizantes.

Después de eso procederemos a purificarnos y a eliminar las eventuales energías viejas que hayamos absorbido. En primer lugar tomaremos una ducha larga y vigorosa, que incluya el lavado de cabello, utilizando productos naturales y reequilibrantes. Si es posible no utilizaremos el secador, que produce un campo magnético y eléctrico muy fuerte. Beberemos agua en abundancia, o bien infusiones o zumos depurativos y revitalizantes; luego nos concederemos un momento de relajación y efectuaremos algunos ejercicios de respiración y/o meditación.

Tras este proceso, es importante buscar un contacto con el espíritu de la casa, respirando su nuevo aire, tocando las paredes y los muebles, visualizando las nuevas imágenes frescas y creando una nueva relación con ella. Este trabajo debe realizarse antes de un traslado, y al menos una vez al mes o al inicio de una nueva estación en las casas ya habitadas, también debe efectuarse cada vez que un acontecimiento particularmente negativo lo requiera.

LA UTILIZACIÓN DE LA CAMPANA

En los conventos asiáticos y occidentales, el sonido del gong y de las campanas se considera capaz de llevar a la iluminación; según antiguas tradiciones, el sonido, que es energía y vibración, nos permite penetrar en otras dimensiones, considerándolo un potente medio de liberación de las energías estancadas de la casa.

Si nuestra casa necesita este tipo de limpieza, se puede recurrir tanto a instrumentos musicales verdaderos y propios, como a objetos de metal y campanas de cualquier tipo y dimensiones, utilizadas desde siempre para alejar a los espíritus malignos. La casa y sus objetos absorben las vibraciones sonoras que producen los instrumentos aportando así mucha energía vital. Primero deben utilizarse los que tengan un sonido más grave para romper las energías estancadas y luego, gradualmente, los que tengan un sonido más agudo.

Las campanas de bronce son adecuadas para asociar la energía a la Tierra, útiles para favorecer su concreción en las personas que viven en ella.

Los instrumentos de latón están indicados para modificar planteamientos de cerrazón y de excesiva reserva de los habitantes; la suya es una energía muy expansiva, espléndida y brillante.

Los instrumentos de cobre se utilizan en todos los cultos religiosos; es un metal bastante potente que puede atraer la energía vital y hacerla armoniosa, aumentando las vibraciones positivas de las casas y sus habitantes.

Los de plata atraen la energía lunar, femenina, y están indicados en personas muy activas y extrovertidas que buscan incansablemente su propia paz interior.

Las campanas tibetanas, por último, están compuestas por siete metales: hierro, cobre, plata, plomo, oro, cinc y bronce. Su poder terapéutico es potente; irradian energía vital que ayuda a curar enfermedades.

Las campanillas eólicas crean un sonido agradable y son útiles para activar el Ch'i. Cinius. Fotografía de Aslay

Campana tibetana. Suri Mono

Pintura de Tatsunori Kano: Partitura musical

Vestidor: cada cosa en su sitio. La simplicidad de las formas, la brillantez de los colores y los materiales naturales utilizados hacen de este espacio un lugar funcional y al mismo tiempo agradable. Arquitectos M. Mariani con A. Mariani y U. Santi

Mudarse a conciencia

Es mejor efectuar la limpieza de los espacios antes de la mudanza de modo que cuando nos traslademos, vayamos más ligeros, tanto física como psíquicamente. En el momento en que decidimos cambiar de casa o de oficina, en nuestra mente se inicia un proceso de transformación que debería ser una apertura hacia nuevas posibilidades y una evolución de nuestra vida.

Con mucha serenidad (¡virtud que no siempre se logra mantener durante un traslado!) nos dedicaremos a una estancia distinta cada vez, y eliminaremos lo que realmente no utilicemos desde hace más de un año o que ya no nos guste.

Comprobaremos la ropa, abrigos, zapatos, objetos, cuadros y demás artículos: iniciamos una nueva vida, por lo que se intentará

renovar incluso la imagen.
El cambio que produce en una vida la mudanza a otro lugar puede darnos un nuevo impulso para rodearnos también de objetos con un alma nueva e, incluso, puede ser necesario dejar espacios vacíos para crear nuevas situaciones. Dejar espacio físico a las cosas significa también dejarnos espacio mental a nosotros mismos; darnos tiempo para crear un «vacío» mental puede convertirse en una necesidad no sólo psíquica sino también en una oportunidad para desarrollar nuevas áreas corpóreas.

Comprobaremos las colchas, las sábanas, los paños de cocina, y se eliminarán los viejos, usados, amarillentos y raídos; para la primera noche en la casa nueva todo el mundo desearía tener una cama y un colchón nuevos... ¡si no puede ser, al menos utilicemos sábanas nuevas! Realizaremos el mismo trabajo con nuestra ropa íntima, nuestros accesorios y todo lo que conservemos en los cajones. En cuanto a las fotografías, deberá realizarse un trabajo particular, ya que estas son extraordinarias esponjas de energía: con valentía y determinación se eliminarán, quemándolas, las que nos traigan malos recuerdos: personas desagradables o muertas trágicamente, y todo lo que nos tiene negativamente ligados al pasado. Se realizará lo mismo con los recuerdos y otros objetos que no hayamos soportado nunca, pero que nos haya regalado alguien y no hayamos encontrado el modo de rechazarlo. Si no queremos tirarlos propiamente, se pueden regalar o dar a beneficencia, pero no se permitirá que saquen energía positiva de nuestra casa: debemos dejar espacio a una nueva vitalidad. Se escogerán con cuidado los muebles que deseamos llevar con nosotros; si hay algo roto o poco funcional, deberá repararse o deberemos pensar en su eventual sustitución. A menudo es mejor estar sin muebles durante algunos meses que trasladarse con muebles inadecuados que restarán vida y espacio a nuestro nuevo ambiente. Recordemos que los muebles y objetos viejos o antiguos retienen mucha energía, sobre todo si son de madera; por lo tanto antes de adquirirlos o de que nos los regalen intentemos conocer su procedencia y su historia. Es mejor un mueble nuevo y simple de algún material natural, que nosotros mismos podamos personalizar, decorándolo y pintándolo según nuestros gustos. Comprobaremos el funcionamiento efectivo de los electrodomésticos mientras estemos todavía en nuestra antigua casa: llamaremos a un técnico si es necesario y eso creará menos incomodidades aquí que en la casa nueva, y nos llevaremos sólo los que funcionen realmente y sean útiles. Si no utilizamos nunca una gran barbacoa o un robot hipertecnológico, se pueden regalar a quien le pueda servir. También se sustituirán las piezas que tengan que ser cambiadas, ya que más adelante deberemos concentrarnos en otras cosas. Localizadas las cosas verdaderamente útiles, las dividiremos según el sentido común práctico: las cajas y los contenedores deberán llevar escrito encima bien claro el contenido y dentro se colocará un ambientador por caja: algunas de estas cajas permanecerán seguramente cerradas durante algunos meses. Y luego se confiarán las cosas a una empresa de mudanzas que nos haya causado buena impresión, reservándonos personalmente el traslado de las cosas más queridas y delicadas. Para escoger el día de mudanza se puede consultar el calendario chino de los días propicios; se puede escoger un día durante un periodo de luna nueva o llena, y si puede ser el mes de nuestro cumpleaños, mejor.

*Oasis en Marruecos.
Fotografía de Paolo Bruttini*

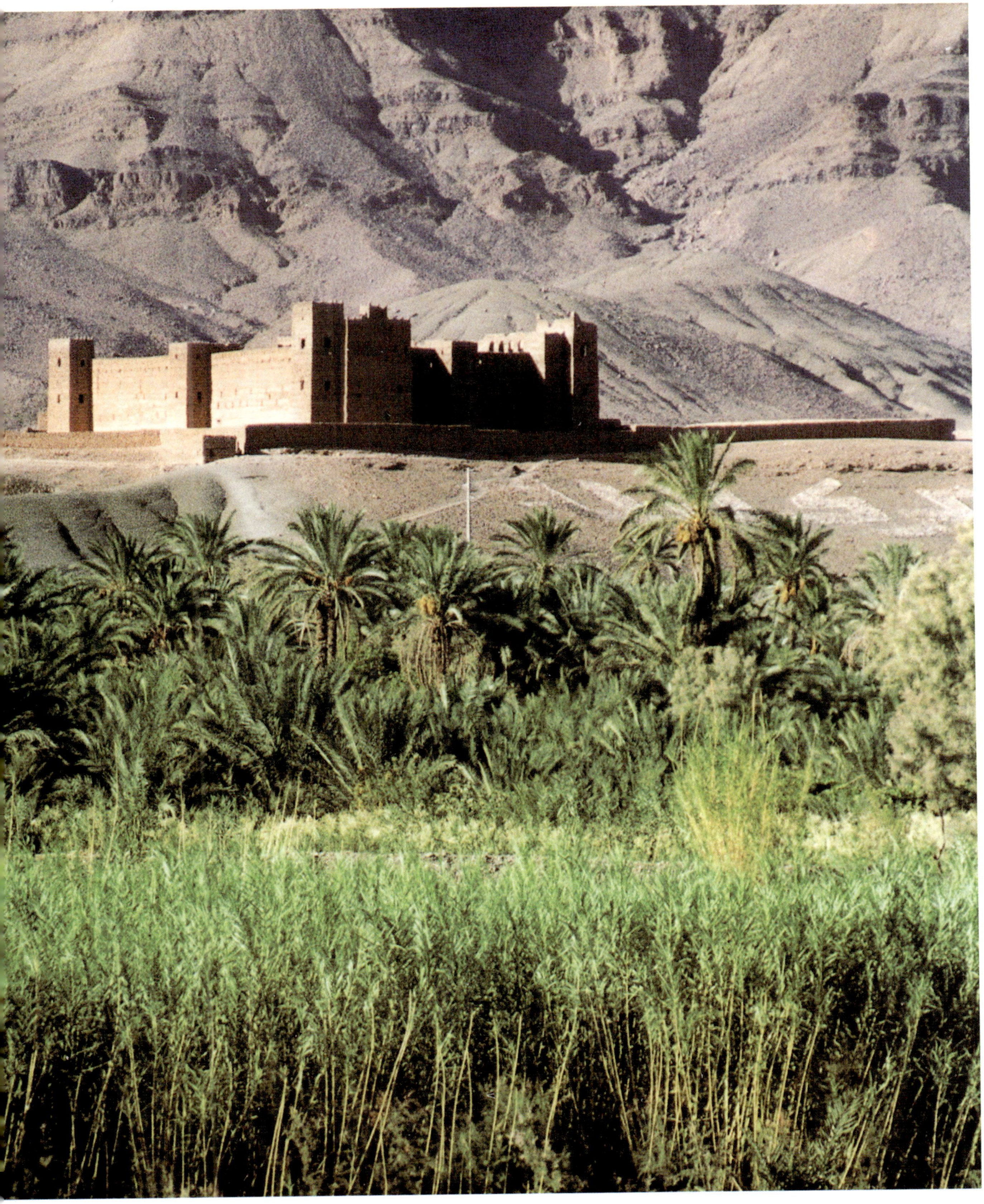

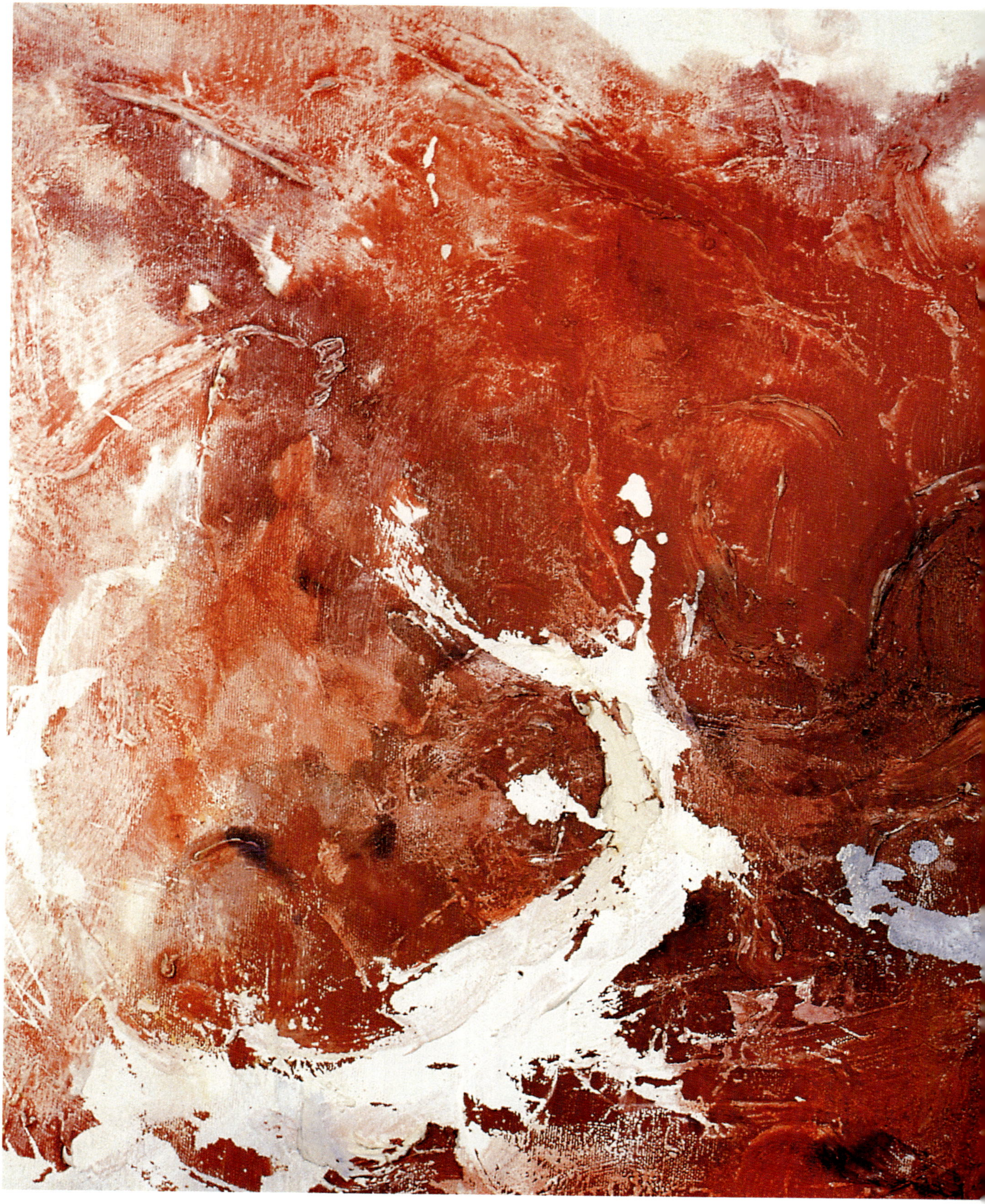

La optimización de los espacios de la casa

La entrada

La entrada representa el filtro entre el exterior y nosotros y nuestra familia. Es conveniente que sea un espacio acogedor, pero al mismo tiempo debe proteger la casa y nuestro mundo de invasiones desagradables.
Es muy importante buscar el equilibrio entre lo acogedor, la necesidad de privacidad y la facilidad de acceso a la energía Ch'i, por lo tanto es conveniente

La simplicidad de las formas y la correcta iluminación hacen de este recibidor un lugar acogedor y rico en colores. Proyecto del arquitecto A. Bonini

Arriba a la izquierda: en este apartamento se han modificado las formas de las terrazas para resolver en parte el problema de las áreas que faltan y para suavizar los ángulos más agudos. Proyecto del arquitecto R. Maci

Recibidor de la casa Benigni en Montecatini. Arquitectos M. Mariani con A. Mariani y U. Santi

La luminosidad del ambiente, obtenido tanto por el equilibrio de la iluminación artificial como por la utilización de colores brillantes, crea un espacio refinado y sugestivo. Chalet en el Cantón Ticino. Arquitecto S. Mingaia

situar una protección, pero mediante paneles, biombos, adornos con formas suaves y sinuosas.
También se pueden poner algunas plantas, o bien un jarrón con flores siempre frescas, que con su energía de crecimiento activen el Ch'i.
También debe cuidarse mucho la iluminación, que debe ser viva y cálida, pero no cegadora. Se puede colgar un cuadro o un objeto que traiga buena suerte (estatua, recuerdo, ángel, Buda, etc.) o la imagen del espíritu protector de la casa, si tenemos uno. Es conveniente pintar las paredes con colores claros (blanco, marfil, amarillo ocre, albaricoque) y crear una zona para dejar los zapatos y las zapatillas de uso diario, un colgador, un portaobjetos o un vacía bolsillos, que pueden situarse en la pared o bien de modo que no obstaculicen el paso. Si la parte exterior de la entrada no es visible y acogedora, deberá modificarse este aspecto. Es necesario atraer la atención del Ch'i y hacer que se insinúe en el interior de la casa. Se retirarán eventuales objetos que se apoyen en la puerta y se pondrán plantas vigorosas junto a esta; se sustituirá el viejo felpudo por uno nuevo, si

puede ser de color verde o rojo. También puede colgarse una imagen de buena suerte en el umbral de la puerta o bien un cristal, si deseamos aumentar la energía.

La sala de estar

La posición ideal de la sala de estar o el salón se encuentra entre la entrada y la cocina, de modo que los huéspedes no atraviesen nuestros espacios íntimos y sea fácil servir una comida o un tentempié sin tener que atravesar las demás estancias. Cuando sea posible es conveniente separar la zona de comedor de la sala de estar, de modo que se puedan dividir las actividades; también se pueden crear simplemente dos ambientes diferentes, uno con una mesa grande y sillas para las comidas, y el otro con una mesa baja, sofás y/o sillones: se puede poner un biombo ligero o plantas, creando un movimiento sinuoso y nunca una separación neta y rígida. La sala de estar ideal debería tener una o dos puertas, amplias ventanas a los lados opuestos a estas, pero no enfrente; esta disposición haría que el Ch'i saliera demasiado rápidamente y crearía molestas corrientes de aire. También se puede situar el sofá y algunos sillones con la parte posterior hacia la pared, puesto que esta es la colocación que aporta más protección y controla a las personas que entran y salen de la habitación. Se puede colocar el televisor y el equipo de alta fidelidad dentro de los muebles, ya que así su presencia no será demasiado invasora y la exposición a los campos electromagnéticos quedará reducida.

Si hay fumadores en casa, se pueden situar plantas «comehumos», por ejemplo el *Ficus benjamina* y el *Spathiphyllum*, y otras plantas en

LA FUNCIÓN DE LAS PLANTAS

Además de filtrar el aire, las plantas aumentan el nivel de oxígeno de una estancia, mejorando su porcentaje de humedad. Producen iones negativos y potencian la energía de un espacio. A continuación se citan plantas que limpian el aire y que se utilizan junto a aparatos tecnológicos:

— planta de la paz (*Spathiphyllum wallisii*);
— piperáceas (*Peperhomia*);
— pies de ánade (*Syngonium podophyllum*);
— plátano enano;
— potus dorado (*Scindapsus aureus*).

A la izquierda, salón caracterizado por la presencia de amplios ventanales, un decorado mínimo y la abundante utilización del color, incluso en el suelo y las paredes. Chalet milanés. Arquitecto P. Pozzi. Fotografía de O. Sancassani

En la página siguiente, arriba, la utilización de materiales cálidos, la presencia de la chimenea y los colores brillantes hacen de este lugar un espacio íntimo, acogedor y muy adecuado para la relajación. Salón de la casa Benigni en Montecattini. Arquitectos M. Mariani con A. Mariani y U. Santi

A la derecha, la elección de los adornos, la iluminación cálida y brillante, los colores envolventes y vibrantes aportan prestigio a este ambiente, adecuado para recibir visitas y charlar. Salón de chalet en El Cantón Ticino. Arquitecto S. Mingaia

49

La utilización de adobe en las paredes y los elementos arquitectónicos, la cálida y mágica iluminación que reproduce cuerpos celestes dan a esta sala un ambiente envolvente y maravilloso. Salón del apartamento «El León Verde» en Milán. Arquitectos A. Facchi y B. Narici

Salón de apartamento en Bolonia. Proyecto de M. Canazza. Oficina Botánica

Pequeña fuente redonda de interior. Cinius. Fotografía de Aslay

Iluminación difusa y colores claros combinados con la pared del fondo de ladrillo visto en este comedor de Bolonia. Arquitecto R. Maci

los rincones, escogiendo aquellas que tengan hojas redondeadas y evitando las plantas con espinas que no favorecen la convivencia.

Se pueden pintar las paredes con colores claros y cálidos, en todas las tonalidades del amarillo, el ocre o el anaranjado, y escoger una iluminación cálida y acogedora, incluso con lámparas o apliques de cristal coloreados o cristales que aumentan la energía vital, creando agradables juegos de refracción de la luz. Al elegir el mobiliario, deberán preferirse muebles con formas suaves, redondeadas, curvilíneas, en particular mesas redondas, ovales o cuadradas que son más adecuadas para las relaciones sociales. Se dará preferencia a materiales naturales y se hará lo mismo con los tejidos. Se utilizarán cortinas ligeras e intangibles, donde se desee que penetre la luz, y cortinas más pesadas si deseamos disminuir la fuga del Ch'i, cubrir una mala vista o evitar la exposición a las miradas externas. Otro elemento que favorece y potencia la expansión del Ch'i es un acuario o una fuente; solos o con la ayuda de un experto de Feng Shui, se puede determinar el lugar de la habitación donde la energía puede estancarse o sufrir una caída y situar en este punto un elemento Agua. En el acuario se pueden situar peces rojos en números impares para favorecer la fortuna en los negocios. Si deseamos acrecentar la energía del ambiente podemos colocar también un espejo frente al lugar donde las personas se sientan y en una posición que no corte la imagen de nadie.

La zona del comedor

Como se indicaba más arriba, sería mejor que la zona del comedor estuviera separada de la sala de estar, que es el lugar de las relaciones sociales y de paso. La comida debería ser un momento privado, tranquilo, incluso cuando hay más comensales. Por lo tanto debe cuidarse mucho que este lugar sea agradable, escogiendo sillas cómodas, una mesa de forma redonda o cuadrada, de modo que todo el mundo pueda estar al mismo nivel, o bien de forma oval o rectangular; también debe tenerse mucho cuidado al preparar la mesa, utilizando un mantel o un tapete bonito, y poniendo en la mesa siempre un ramo de flores frescas o una cesta de frutas de colores. También se pueden pintar las paredes de colores claros, en las tonalidades del amarillo y el anaranjado, que estimulan el sistema digestivo, y situar un cuadro que haga referencia a las actividades que se desarrollan en este ambiente (imágenes agradables, de alegría, de prosperidad, etc.).

Es conveniente situar al menos uno de los lados de la mesa de manera que la espalda de los que se sienten en ese lado esté hacia la pared. Para poder comer con toda tranquilidad se evitará tener el televisor encendido y se intentará tener al alcance de la mano todo lo que sea necesario para la comida y así no tener que levantarse constantemente; con la ayuda por ejemplo de un carrito móvil. Las ventanas deberán estar frente al que come, y las puertas, al lado; es conveniente que esta estancia tenga una estrecha conexión con la cocina.

En este ambiente donde prevalece la candidez del blanco se ha insertado un toque de color con la colocación de un gran lámpara de cristal de colores, casi un director aislado entre los tonos serenos de las paredes. Comedor de un apartamento en Ploaghe (SS). Arquitecto S. Aruanno

Comedor en Bolonia. Arquitecto R. Maci

La cocina

La cocina es la estancia social y creativa por excelencia. Este es el lugar donde se transforma la energía de los alimentos y se crea el sustento para las personas que nos rodean. A medio camino entre laboratorio y centro de los sentidos, se mezclan y se recogen continuamente los cinco elementos que son la base del ciclo evolutivo. Aquí se combinan las fuerzas del Yin y del Yang del modo más fantasioso e imprevisible. Consideremos algunos de nuestros movimientos en la cocina: se abre el grifo del agua, se enciende el fuego, se crea vapor, se mezclan alimentos y elementos, se lavan recipientes, se prueban sabores y se huelen olores, se experimentan nuevas fantasías y se aplacan apetitos incontrolables, se congelan y desmenuzan alimentos con un quehacer casi sádico y se crean voluptuosamente nuevas formas y nuevos contenidos. Nuestra cocina es esto y mucho más, es el lugar simbólico de nuestra vida, la esclavitud y la liberación, la cruz y la delicia de nuestros sentidos. ¿Cómo es una cocina ideal para el Feng Shui? Es una cocina simple que reúne funcionalidad y equilibrio entre los elementos. El agua y el fuego no deberían estar demasiado cerca, la luz natural debería llegar directamente a las zonas donde se preparan los alimentos y las luces artificiales deberían permitirnos ver con facilidad cualquier rincón. Los alimentos deberían guardarse en la zona norte de la cocina que conserva mejor su frescura; la puerta no debería estar de espaldas a la cocina, sino de lado; los muebles deberían ser de colores claros y fáciles de limpiar, de materiales naturales. Se desaconseja la utilización de horno microondas, que descompone y calienta las moléculas de los alimentos de un modo no natural, mientras que la utilización de los distintos electrodomésticos debería evitarse en presencia de personas (salvo para los pequeños que necesitan la atención de quien los

Este ambiente asume con equilibrio el estilo moderno y rústico; la cocina es de acero y madera, el aparador y la mesa son del Ottocento lombardo. Cocina de un apartamento en Mediglia (MI). Arquitecto P. Pozzi. Fotografía de O. Sancassani

Arriba, cocina de apartamento «El León Verde» en Milán. Arquitectos A. Facchi y B. Narici

Cocina de casa Benigni en Montecatini. Arquitectos M. Mariani con A. Mariani y U. Santi

utiliza). Se pueden tener libros de cocina y escuchar música. Los colores más indicados para este ambiente son el blanco y las tonalidades de amarillo y anaranjado. En este espacio las energías del Yin y el Yang se encuentran a menudo y se mezclan creando una infinidad de matices con sus virtudes. Se aprenderán a conocer todas las propiedades que contengan los alimentos, y también se aprenderá a mezclarlos con inteligencia y curiosidad.

Alimentos Yin	Alimentos Yang
Semillas	Carne
Cereales	Pescado
Pasta y arroz	Aceite/grasas
Lácteos	Quesos fermentados
Fruta fresca	Fruta seca
Vegetales	Legumbres
Azúcar	Sal
Alcoholes	Especias
Té	Café

Habitación de la casa Benigni en Montecatini. Arquitectos M. Mariani con A. Mariani y U. Santi

Habitación. Arquitecto R. Maci

La habitación

La posición más adecuada para las habitaciones se encuentra en la parte de la casa más protegida, más privada, donde lleguen más difícilmente los ruidos del exterior y donde nos podamos abandonar al reposo y a las propias emociones. Al ser una estancia que lleva en sí este doble equilibrio es importante que estos dos aspectos puedan fundirse o permanecer separados según nuestros deseos. Una habitación de dormir bien concebida según el Feng Shui debería tener la cama situada contra una pared o con la cabecera junto a esta; la puerta debería quedar en posición diametralmente opuesta y ser visible desde la cama y la ventana, de lado. Es importante escoger con cuidado la iluminación, que no debe ser ni demasiado fuerte ni tampoco directa; mejor aún serían algunos puntos de luz difusos, un par situados en la cabecera. Las lámparas pueden ser de tela o de papel coloreado, que difunden una luz sutil y muy íntima, o bien de cristal, que aumentan la energía de la habitación si esta es un poco baja. Es conveniente no sobrecargar con cables eléctricos las habitaciones, porque además de aumentar el electromagnetismo, son portadores de la energía del Fuego, que en la habitación debe estar bien equilibrada con elementos Yin, porque de lo contrario puede haber mucha pasión o demasiado nerviosismo… Los colores que deben utilizarse son los distintos tonos del azul, el violeta y el verde si deseamos dar a la habitación un ambiente relajante y Yin; o bien tonos marfil, desde el albaricoque hasta el rosado, si deseamos dar más calidez al ambiente y hacerlo más estimulante. También se pueden comprar los tejidos para la cama en estos colores, e incluso las cortinas, con un tono más atrevido, como un bonito azul noche, un violeta pervinca, un rojo rubí o tonalidades doradas y plateadas. Estos toques, si están sabiamente combinados, pueden equilibrar las carencias energéticas del espacio.

Es conveniente escoger muebles ligeros, que no opriman, que tengan formas redondeadas y no rectas; deberá comprobarse que ningún mueble dirija sus aristas hacia la cama y se evitará colocar grandes lámparas sobre esta. También deberán eliminarse las vigas vistas del techo (las ondas generadas por estas invaden el cuerpo de la persona que descansa debajo) y las que dividen en dos este espacio, creando una separación en la pareja. Si no es posible separar la cama de esta zona, se pueden tapar con una tela. También es preferible evitar los espejos, puesto que tienden a duplicar las cargas electromagnéticas y, si reflejan a las personas que duermen, pueden perturbar su descanso. La cabecera de la cama está en su mejor posición cuando está orientada al norte, en dirección al eje magnético terrestre norte-sur, que favorece la descarga natural de

En esta habitación para descansar se han utilizado exclusivamente tejidos de fibra natural y madera, privilegiando colores claros, una iluminación tenue y difusa, y reduciendo al mínimo los adornos, para permitir que la energía circule sin obstáculos y favorecer una buena relajación. Cama Zen Cinius. Fotografía de Aslay

CÓMO ORIENTAR LA CAMA

Norte: la cabecera de la cama hacia el norte favorece la descarga de campos electromagnéticos naturales; este es el sueño más relajador.

Este: al ser la dirección de la salida del sol, de la energía y la creatividad, ayuda a las mentes a permanecer jóvenes y abiertas, y desarrolla la capacidad onírica.

Sur: asociado a la energía del fuego, es más adecuado para disfrutar en la vida diaria, y para los que en su propia vida desean dejar más espacio a las pasiones o despertarlas. Debe utilizarse sólo durante breves periodos porque no ayuda a tener un sueño profundo.

Oeste: asociado a la materialización, es adecuado para quien tiene dificultades en la vida diaria al llevar a cabo sus empresas y realizar sus sueños; genera plenitud y satisfacción, pero puede inducir a la pereza.

nuestro cuerpo, pero para el Feng Shui las demás posiciones también tienen sus particularidades. Si deseamos crear un ambiente más romántico y sensual se pueden utilizar velas, que pueden encenderse como alternativa a las lámparas; así también se puede quemar incienso o poner aceites esenciales, como el sándalo, la mirra, el ylang-ylang, el opio o el jazmín, que tienen propiedades embriagadoras y afrodisíacas, o bien la lavanda, la naranja amarga o el azahar, relajante y ansiolítico.

Deberán evitarse al máximo los electrodomésticos y aparatos tecnológicos (televisores, ordenadores, despertadores electrónicos, etc.) que aumentan los campos electromagnéticos, mientras que se puede tener un punto de difusión de música, que siempre es muy favorable para la armonía de la pareja. En la elección de los materiales y los tejidos siempre deberán preferirse los tejidos naturales, sobre todo en la elección de la cama, que debería ser de madera con colchón de lana, látex, o látex y algodón, o futón.

Los muebles también deben ser lo más simples posibles, y sobre todo habrá que tener en cuenta que deben dejar espacio a nuestra energía para que pueda circular y podamos dejarnos llevar.

La habitación de los niños

La habitación de los niños es un espacio vital por excelencia; aquí se puede ser más libre e improvisar. También se puede ser más indulgente al conservar las cosas viejas. Los niños llevan en general una gran carga expansiva y en realidad necesitan pocas cosas, pero tienden a ligarse mucho a lo que poseen, ya que les ayuda a crearse un apoyo, una seguridad en su crecimiento y para forjar su propia identidad. Por eso no debemos preocuparnos de la cantidad de cosas que acumulan, sino dejar libertad a su creatividad. Más bien se debe cuidar el funcionamiento de sus juguetes, enseñarles a encontrar un lugar para cada cosa y a mantener su habitación siempre limpia, evitando la utilización de detergentes de origen químico. Su habitación se puede perfumar y purificar con aceites esenciales, con perfumes de

lavanda, naranja amarga, rosa o vainilla. En estas habitaciones se puede utilizar un espejo que refleje toda la figura, ya que para establecer su propia identidad los niños necesitan estudiarse mucho; si es posible, debe evitarse que este espejo refleje también la cama por los motivos que ya se han indicado anteriormente.
Se buscarán juguetes y objetos de materiales que no sean tóxicos y que no acumulen demasiado polvo; a menudo estas acumulaciones provocan alergias; los tejidos, cortinas y tapetes deberán ser de materiales muy naturales para que no se conviertan en nidos de ácaros.
En la elección de los colores de las paredes se puede optar por colores claros y relajantes, como las distintas tonalidades del azul, el rosa, el verde, el anaranjado

Es muy importante que en las habitaciones de los niños se utilicen materiales naturales y que las instalaciones eléctricas se delimiten correctamente para reducir al máximo la exposición de los niños a campos electromagnéticos. Se puede instalar un disyuntor de corriente y se desaconsejan los muebles y estructuras de metal que amplían el electromagnetismo. Habitación en un apartamento de Bolonia. Arquitecto A. Bonini

Esta habitación con cama elevada es particularmente adecuada para niños o parejas jóvenes. La zona de abajo se puede utilizar como estudio o zona de juegos pero es importante evitar colocar en ella el ordenador, el equipo estéreo, el televisor u otros elementos eléctricos, que pueden perturbar el sueño de los que duermen arriba. Cama Yen Cinius. Fotografía de Aslay.

aristas y que no los amenacen cuando duermen, juegan o estudian.

Se dejará un espacio libre donde los niños puedan jugar con libertad, también el suelo; se aconseja particularmente que se instale un pavimento de madera no tratado con barnices o colas sintéticas. Como alternativa se puede colocar una alfombra de algodón que pueda lavarse con facilidad o un tatami. No obstante, debe dejarse total libertad al gusto de los niños, aunque sea con un poco de confusión, ya les enseñaremos con el tiempo a tener cuidado con sus propias cosas y a ponerlas en su sitio después de haberlas utilizado. La energía del sol es fundamental para el crecimiento físico y psíquico de los niños, por ello es conveniente que su habitación disfrute al máximo de esta carga y esté expuesta a la luz natural. También debe recordarse ventilarla a menudo y durante mucho tiempo; si las ventanas dan a calles con mucho tráfico este proceso deberá efectuarse a primerísima hora de la mañana o a última hora de la tarde y se aprovecharán todos los días festivos para tenerlo todo abierto siempre que, evidentemente, el clima lo permita.

(albaricoque). Debe recordarse que en el mundo occidental un interesante estudio de Rudolf Steiner determinó que a cada edad le corresponden colores con efectos particularmente estimulantes, según principios que aún hoy en día se utilizan en las escuelas que siguen su doctrina. También en las habitaciones de los niños es muy importante que los muebles tengan formas suaves, sin

La habitación de invitados

Esta habitación, que se utiliza a intervalos irregulares, requiere algunas atenciones que revelen a las personas a las que alojamos nuestro deseo de que se encuentren a gusto y, al mismo tiempo, requiere simplicidad y funcionalidad para que esté siempre a punto ante posibles imprevistos. Deberá escogerse una cama simple, cómoda, hecha de materiales naturales. La habitación tendrá una buena iluminación, un armario donde se guardarán la ropa de la cama y toallas. También

debe preverse una cajonera y una mesita con algunas sillas, para el desayuno o para desarrollar la actividad que sea. También se puede colocar una pequeña librería, un pequeño equipo estéreo y una o más plantas. Para la circulación de la energía deberán observarse las mismas normas que se aplican al resto de la casa: deberán abrirse puertas, ventanas y persianas a menudo. Deberá evitarse que esta habitación se convierta en un espacio poco vital donde se estanquen las energías. En caso de que se utilice muy de vez en cuando, en las ventanas se pondrá un cristal que aumente la energía vital del lugar.
Los colores que deben utilizarse son claros, pero cálidos; se puede colgar algún cuadro, que represente un paisaje, una vista, una composición floral, pero se evitarán los temas tristes y complicados.

El estudio

La casa que posee un espacio apropiado para esta actividad es una casa afortunada; poder reservarse un rincón para desarrollar las propias ideas y confrontarse uno mismo nos evita tener que salir de casa y puede favorecer las relaciones con los miembros de la familia. Es importante, no obstante, que sea un espacio privado, con el fin de desarrollar las actividades que se fijen con antelación, y por lo tanto nos reservaremos un espacio completamente distinto y reservado respecto a las demás habitaciones. Si también se debe recibir a otras personas, es conveniente que el estudio esté cerca de la entrada principal y que disponga de baño, de modo que no se deba atravesar toda la casa y restar privacidad a los demás habitantes de la vivienda. El estudio debería tener una mesa

En esta habitación, destinada a acoger a los invitados, se ha dado preferencia a lo simple y a lo funcional. Una cama de madera natural con colchón y almohadas de látex y pluma de oca, dos lámparas de papel de arroz y una alfombra de coco, muebles de madera y papel de arroz son suficiente para crear un oasis de bienestar para el huésped de paso. Cama 2 Cinius. Fotografía de Aslay

Librería de puertas de madera y papel de arroz. Cinius. Fotografía de Aslay

leer con luz natural. Los colores más adecuados para la concentración y el estímulo creativo son las distintas tonalidades del amarillo y el ocre claro, mientras que para favorecer la relajación se aconsejan los verdes y los azules.

Si hay aparatos tecnológicos, como televisores, equipos estéreos, etc., es conveniente procurar ponerlos en zonas que no interfieran constantemente con la persona que está trabajando y retirar los enchufes que no se utilizan. Las plantas son excelentes para reequilibrar el ambiente, por lo tanto en esta habitación se pueden colocar con abundancia: *Ficus benjamina*, drácenas, *Spathyphyllum*, plantas con flor, pequeños árboles frutales, plantas con hojas redondeadas que actúen de come humos, reequilibren los campos electromagnéticos y limpien el aire.

Como para el resto de la casa, es conveniente utilizar muebles y artículos de decoración con formas suaves y redondeadas para que el trabajo sea lo más agradable posible. Se escogerán cortinas y tejidos ligeros, tenues, de fibras naturales.

Es importante que este espacio sea privado y silencioso, por lo tanto lo situaremos un poco lejos de la habitación de los niños, del salón y de la cocina y no debe dar a calles con mucho tráfico; si hay más puertas, se utilizará sólo una y se cerrará la otra.

amplia, situada frente a la puerta, con una silla o silloncito cómodo con el respaldo vuelto hacia la pared; las ventanas deberían situarse a la izquierda respecto a la persona sentada; muebles y librerías a la derecha o, en cualquier caso, nunca detrás de la espalda o encima de la cabeza. Es importante cuidar la iluminación, que debe ser directa, pero no demasiado fuerte para no cansar la vista; se puede prever un pequeño rincón con un silloncito cerca de la ventana para poder

El cuarto de baño

El cuarto de baño es un lugar de purificación y de introspección. Para los chinos la energía del agua expresa un valor de purificación o la simbología del dinero. Es importante equilibrar siempre estas dos funciones, con el fin de que una mala utilización del agua no lleve a una mala utilización del

Cuarto de baño de la casa Benigni en Montecatini. Arquitecto M. Mariani

dinero. Por ello se comprobará que la instalación del agua esté en perfectas condiciones de funcionamiento, que no haya escapes ni estancamientos, que los desagües y descargas funcionen correctamente. Por otra parte, la puerta y la tapa del váter deberán permanecer cerradas, ya que la energía del Ch'i, que debe entrar aquí, no tiene que escurrirse de inmediato, sino moverse, reequilibrar el ambiente y retomar su camino. Este espacio nos purifica tanto psíquica como físicamente. El agua limpia y renueva.

Los materiales que deben preferirse en el baño son los ligeros, los vítreos y opalescentes que casan bien con las formas y los colores del agua. Es mejor evitar los tejidos y papeles porque absorben la humedad, y si se utiliza madera, es conveniente que sea tratada de manera que impida el desarrollo de moho. Los colores más adecuados para el baño son los que tienen las distintas tonalidades del agua: azules, azul oscuro y verdes, que crean un ambiente relajante y limpio; se puede, con todo, añadir algunos toques de color que den más vida al baño, por ejemplo el oro, el cobre o el plateado.
Así mismo, se puede crear un ambiente más sensual utilizando los distintos matices del violeta e incluso el granate, aunque en

En esta habitación para la relajación y el cuidado del cuerpo, la variedad cromática se da alternando materiales naturales. El revestimiento del pavimento se ha realizado con baldosas de arcilla, insertando una parte de revestimiento travertino que crea dibujos continuos hasta las paredes. También de mármol travertino son la encimera del mueble y el marco del espejo. El mueble es de madera de nogal. Apartamento en Sassari. Arquitecto S. Aruanno

A la derecha, baño de la casa Benigni en Montecatini. Arquitecto M. Mariani

pequeños detalles.
En esta habitación es muy agradable utilizar velas, incienso perfumado y la presencia de una o dos plantas que absorban el exceso de humedad y reequilibren los vapores del agua, como por ejemplo el potus, los helechos o incluso los bonsáis. Para la iluminación, además de una luz directa cerca del espejo para que se vean mejor los detalles, se puede pensar en una pequeña lámpara de cristal que cree un agradable juego de luces y aumente la energía del ambiente, o bien una con perlas coloradas o cristal de Murano. Un bonito espejo será seguramente necesario para poder arreglarse con el máximo cuidado o bien para aumentar la luz si esta escasea. Los sanitarios higiénicos deberían estar en la zona más protegida respecto a la puerta y a la zona de cuidados del cuerpo. No es por casualidad que los chinos y también otros pueblos optaran por crear dos ambientes separados, lo que aporta mayor funcionalidad e higiene.
Sería conveniente prever un pequeño mueble donde se pueda guardar todo lo que se necesite: toallas limpias, jabones, cosméticos, productos para la higiene del cuerpo y el espacio, algunas velas, incienso perfumado, algunos libros y un teléfono.

El balcón y la terraza

El balcón y la terraza representan la extensión de la casa al exterior. El trabajo que debe realizarse es crear un espacio «natural» que nos proteja de los ruidos y la contaminación, si se vive en una ciudad, y reservar en esta zona un rincón más íntimo para las relaciones sociales y relajarse al aire libre.

El gran problema que tendrá el que disponga de un balcón que dé a una calle con tráfico será aislarse al máximo del ruido y la contaminación: una solución podría ser instalar una pérgola, un toldo o un biombo, que permita, al menos de vez en cuando, disfrutar de este espacio abierto, las noches veraniegas o los días festivos, momentos en los que disminuye el tráfico.

más pequeñas aromáticas (salvia, romero, tomillo, mejorana, albahaca, perejil, pimiento, etc.) y de otras que mantengan a los insectos alejados (toronjil, geranio, limón, lavanda, etc.). Con el mismo objetivo también se pueden utilizar difusores o velas perfumadas al toronjil o geranio. En esta zona puede ser muy agradable la utilización de una fuentecita que, con el ruido del agua, aproxima el ambiente a la naturaleza. Completará el trabajo una buena iluminación y la eventual colocación de estatuas, esculturas u objetos que nos gusten y que sean resistentes.

Los demás espacios

El pasillo

A menudo este espacio es considerado de poca importancia y no se le presta la atención que merece. Con todo, constituye la arteria de la casa y a menudo es un punto de paso bastante frecuente; también merece nuestra atención porque es un importante conductor de energía Ch'i. Es preciso analizar con cuidado su recorrido:

• ¿Distribuye la energía de un modo regular a todas las habitaciones?

• ¿Crea un fuerte Sha en dirección a una habitación?

• ¿Termina directamente en la puerta del baño?

• ¿Es demasiado largo y estrecho?

• ¿Es oscuro y estrecho?

• ¿Está cargado de cuadros, imágenes, fotografías?

• ¿Se utiliza como librería o tiene vitrinas con una gran cantidad de objetos?

Proyecto de terraza. M. Canazza. Oficina Botánica

Un terraza representa un rincón ideal para las relaciones sociales y relajarse al aire libre. Oficina Botánica

Se intentará también crear una zona para las plantas de exterior que funcionen como filtro del aire y contribuyan también a un aislamiento parcial.
Mención especial merece en cambio el terrado o las terrazas que den a una zona tranquila de la casa y que, por lo tanto, se pueden convertir en una parte integrante de esta. Se puede crear un espacio donde vivir al aire libre, encontrarse con los amigos o jugar con los niños, donde cultivar un pequeño huerto y plantas y donde también se puedan tener pequeños animales. Se colocará una mesa redonda y algunas sillas ligeras, que puedan apartarse fácilmente, un par de hamacas y una sombrilla para crear la zona «social». Nos rodearemos de plantas de grandes dimensiones si su peso puede ser soportado por el suelo, de plantas

Cuando se puede intervenir durante las obras de reforma, se puede proceder a crear un recorrido sinuoso, curvilíneo, que acompañe el Ch'i por las distintas habitaciones; es conveniente que el pasillo no acabe directamente en la puerta del baño, puesto que la energía se iría a través de las descargas de agua. Se puede resolver este problema colgando un espejo en la puerta de esta habitación. Es importante que el pasillo sea un espacio fluido, desbloqueado, bien ordenado y luminoso; si ya no se puede intervenir en la forma, con algunos detalles se puede agilizar el recorrido de la energía:

• Arregle el pasillo con puntos de luz viva y cálida.

• Ponga espejos donde el recorrido sufra una disminución de la velocidad debido a alguna pared.

• Interrumpa un flujo demasiado fuerte con cortinas ligeras o campanas eólicas situadas a medio recorrido.

• Pinte las paredes con colores claros y luminosos.

• Cuelgue algún cuadro o una imagen de temas serenos y alegres, no pesados o tristes; deberemos acostumbrarnos a su presencia sin que, posteriormente, nos distraigan, debido al frecuente paso por el pasillo.

• Deberá evitarse cargarlo demasiado con libros y objetos varios.

Los trasteros, buhardillas y sótanos contienen normalmente una gran cantidad de objetos olvidados, en desuso, rotos, viejos y en mal estado.
El trabajo que debe llevarse a cabo se realizará de acuerdo con la limpieza de los espacios de la que hemos hablado precedentemente; como en los espacios muy cerrados y poco utilizados la energía no acaba de entrar o se estanca, se intentará controlarlos a menudo. Debemos armarnos de tiempo y valor e iniciar la selección de nuestras cosas: primero se desechará todo lo que ya no se utilice, lo que no nos guste o que no funcione; se pueden conservar los objetos rotos que aún deseamos reutilizar aunque deberá arreglarlos cuanto antes; de lo contrario, cuando los necesitemos tendremos que comprar otros por falta de tiempo. Se intentará dividir los objetos por categorías y ponerlos en recipientes o estanterías abiertas.

Los colores brillantes, la iluminación rica y cálida hacen que este pasillo agilice el paso de la energía y las personas, invitándolas a dirigirse a los demás ambientes sin obstáculos. Chalet en Seattle. Arquitecto S. Mingaia

Pasillo de un apartamento de Alguer. Arquitecto S. Aruanno

alcance los puntos más ocultos y poder controlar que no aniden animalitos. Para ello se pueden colocar en algunos puntos difusores con olores que les resulten desagradables o insecticidas biológicos. Además de una buena iluminación, para activar la energía se puede poner un cristal sobre la ventana o debajo del punto de luz, y colgar campanitas de aire en la puerta.

El garaje y el almacén

En estos espacios normalmente se reparan motocicletas y automóviles; estaría bien que no fueran lugares de contacto con la casa porque pueden ser peligrosos. Además del ruido que produce el encendido de vehículos y la presencia de sustancias inflamables y tóxicas, la gran masa metálica de un vehículo automóvil también tiene una acción de trastorno sobre las personas.
Por otra parte, el garaje también se utiliza como pequeño taller de bricolaje y oficina, y por lo tanto puede crear molestias de distintos tipos. Por todo ello estos espacios deberán situarse en la parte trasera de la casa, en una zona fácilmente accesible, donde se entre con facilidad y no se provoquen molestias.
Las reglas que valen para sótanos y buhardillas sirven también en este caso; por eso la limpieza y el orden no deben faltar, sobre todo si se conservan en este materiales y objetos peligrosos. La fuerza peligrosa de estos ambientes debe reequilibrarse: se pueden colorear las paredes con colores claros y relajantes, amarillos ocre, verdes, azules y escoger un mobiliario de madera o de algún material ignífugo si se conservan productos inflamables. Deberemos cuidar la iluminación y poner en el exterior una estatua protectora o plantas; por último, debe recordarse renovar el aire con mucha frecuencia.

Se comprobará que estos espacios no tengan problemas de humedad o filtraciones de agua y eventualmente se realizará un buen aislamiento; las paredes se pintarán con regularidad (al menos cada dos años) con pintura transpirable, y se instalará un pavimento de un material fácilmente lavable (linóleo o cerámica). Si el espacio no tiene ventanas, instalaremos un pequeño sistema forzado para renovar el aire y lo haremos a menudo dejando la puerta abierta.
Se comprobará que la iluminación sea fuerte con el fin de que

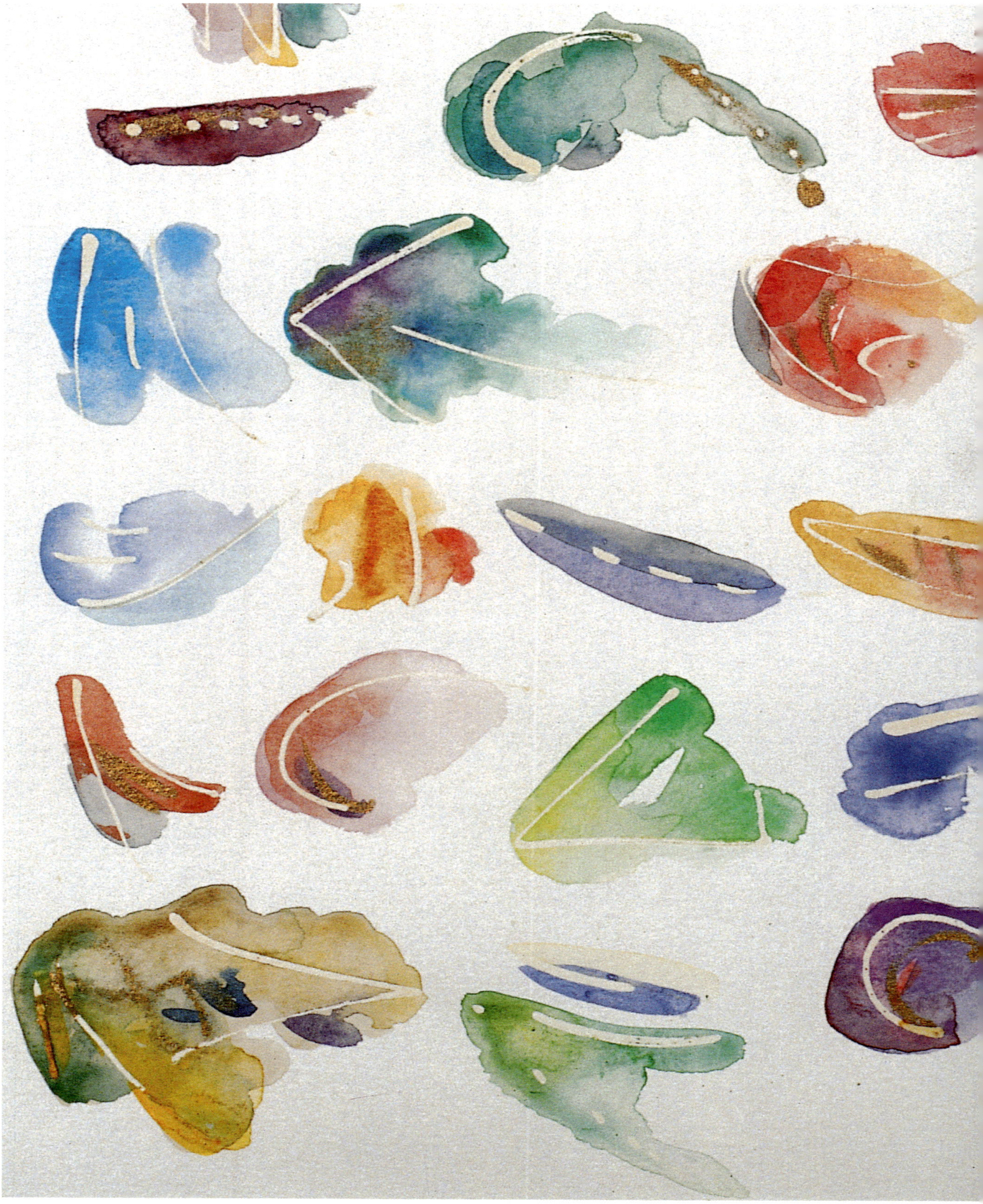

Los espacios verdes

El arte del jardín

El arte del jardín en China tiene orígenes muy antiguos, que se remontan a miles de años atrás, cuando la civilización china empezó a desarrollarse en la vasta llanura que se extiende entre las pendientes del Himalaya y las costas del océano Pacífico. Esta tierra de cálidos y muy lluviosos veranos, inviernos fríos y polvorientos, cumplía todas las características para que en ella crecieran una gran variedad de árboles, plantas, flores e hierbas aromáticas, e hizo de los chinos uno de los primeros pueblos de agricultores y, posteriormente, de jardineros.
Desde entonces este arte no se ha interrumpido nunca y se ha difundido en todo el mundo, desarrollándose luego según las condiciones particulares de los países donde se introdujo. Pensemos por ejemplo en Japón, donde los alumnos han superado de largo a los maestros, y pensemos también en Europa, donde franceses e ingleses han integrado los viejos conocimientos chinos a la cultura y la tradición locales, creando un arte refinado y único. Al igual que en ambientes domésticos y profesionales, también en los espacios verdes y en los lugares abiertos es necesario considerar y favorecer la actividad del Ch'i. Esta fuerza circula en todo el espacio natural y contribuye de manera esencial al bienestar, la salud y la felicidad de las personas que viven en él. Para facilitarlo, cada cosa debe tener su justa forma y encontrarse en la posición correcta. Todos los elementos que encontraremos o que queramos instalar, como rocas, agua, plantas, árboles, flores o estatuas, contribuirán a reforzar el Ch'i. El jardín Feng Shui se diferencia de los jardines occidentales, porque busca la armonía y el bienestar generales, que pueden obtenerse con la atención detallada, pero sin la típica necesidad de la simetría, del orden, de la abundancia de formas y colores de nuestra cultura; el resultado final debe ser obtener simplicidad y naturalidad. Se intentará que todo sea lo más natural posible, respetando cánones de equilibrio, combinando formas y dimensiones y todo lo que pueda contribuir a la armonía general y a la difusión de la energía vital. En China el jardín se considera tan importante como la propia casa, y no sólo no se descuida nunca, sino que se le presta una notable atención para que atraiga al máximo el Ch'i y lo invite a entrar en casa. Para favorecer el equilibrio de las plantas y los elementos que deben colocarse en el jardín, es muy importante la presencia del camino o sendero que conduce a la entrada de la casa; a menudo, en Occidente, el camino se orienta directamente a la puerta de

entrada y crea un Sha, una fuerza secreta muy fuerte hacia esta. El Feng Shui, en cambio, prefiere las formas sinuosas, suaves y curvas, que acompañan el camino apaciblemente, de modo que durante el recorrido la persona se enriquece con los colores, los perfumes y las formas que hacen las delicias del visitante.

Para crear un buen jardín Feng Shui es necesario pensar mucho, planificarlo cuidadosamente y trabajar con constancia; también es necesario tener mucha paciencia cuando se introducen los nuevos elementos y durante el largo periodo de tiempo en el que plantas, árboles y flores empiezan a crecer y a aclimatarse.

Crear un ambiente armonioso

El cuidado de un jardín puede ser un gran aprendizaje para todos nosotros: nos recuerda continuamente las fases de nuestra vida: el nacimiento, el crecimiento, la alegría de vivir, la reproducción, pero también la enfermedad y la muerte. Todo lo que sucede en un jardín sucede en nuestra alma, en nuestro cuerpo y en nuestra mente. Mientras cuidamos un jardín, dejamos vivir y morir nuestros pensamientos, ideas, deseos y pasiones. Plantamos, arrancamos, enterramos, sembramos, amamos y odiamos.

El jardín es un ejercicio de meditación, para entender cuándo es el momento de cultivar la vida y cuándo es el momento de morir siguiendo el ritmo marcado por la madre naturaleza y no enfrentándose a esta.

Tanto en Oriente como en Occidente, la variedad de lugares, paisajes y zonas habitadas hace que no se puedan proyectar *a priori* espacios perfectos, pero se pueden utilizar algunas técnicas básicas, enriquecerlas con una gran cantidad de detalles y crear espacios siempre nuevos. Lo que importa es poder captar la unicidad de los lugares a través de la sensibilidad. Si logramos percibir el ambiente de un lugar, su alma, su carácter y sus especificidades, y valorarlo en su conjunto ya habremos dado un paso en la interpretación del Feng Shui. Es preciso acercarse a los límites del jardín que deseamos realizar, analizaremos cada rincón, cada particularidad, en relación con la casa, el entorno y el paisaje. Observaremos si hay piedras, rocas, gravilla o losas; cuántas hay y qué especies de árboles, plantas o flores existen; si gozan de buena salud, si hay agua, si la tierra es rica y está bien drenada o no. Luego se observará la orientación del jardín, qué zonas están expuestas al sur y reciben durante más horas la energía del sol, qué zonas están orientadas al este y por lo tanto tienen la mejor energía de crecimiento, cuáles hacia el norte, que es la dirección más fría y más Yin, y cuáles hacia el oeste, beneficiándose así de la sombra y la luz del sol que se pone.

Se determinará el jardín delantero en la entrada de casa, y se valorarán sus principales aspectos, reservándole las características más formales de bienvenida para los visitantes. Se analizará el jardín posterior, normalmente más íntimo y más personalizado, donde podremos desarrollar nuestros conocimientos y crear un espacio privado para nosotros y nuestros seres queridos.

La parte anterior del jardín debería crear una continuidad estilística con la casa, respetar sus formas y sus colores, equilibrar sus dimensiones, protegerla respecto a la calle y las miradas indiscretas; por lo tanto aquí se pueden situar los árboles frondosos, como magnolios, tilos, sauces y bambú o setos, matas, plantas con formas redondeadas, como el boj. Estas equilibran las formas verticales del edificio y lo rodean de una

Cielo de La Naturaleza, *ilustración de Clementina Mingozzi*

Proyecto para un jardín de estilo oriental. M. Canazza. Oficina Botánica

Proyecto para chalet en las colinas boloñesas. M. Canazza. Oficina Botánica

atmósfera protectora con su color verde, aunque no deben ni sofocarlo ni tapar la luz; por lo tanto deben colocarse a una distancia proporcional al espacio entre la casa y la verja, y no ocupar la entrada sino rodearla con gracia sin ocultar las ventanas. El exterior de la casa debe estar lo más desocupado y ordenado posible. Se pueden poner las plantas en macetas de terracota pintadas de colores naturales, o a juego con los colores de la casa, y escoger dos o tres colores básicos para combinar y reunir toda la zona. Debe recordarse que para que un ambiente sea agradable debe respetar las proporciones y tener acercamientos armoniosos, por lo tanto no debemos excedernos y procederemos por partes, escogiendo una planta y un elemento cada vez. También se les dejará el tiempo necesario para que se aclimaten y se integren con la naturaleza y los demás elementos del jardín.

No debe olvidarse que los lados perimetrales del jardín de la casa tienen la importante función de unir la parte frontal con la posterior; deben crear continuidad y armonía entre ambos lados, por ejemplo con un muro bajo protector, escalones, setos divisorios, que delimiten la propiedad.

Al igual que los caminos directos a la entrada de la casa la agreden, los que transcurren lateralmente a esta hacen que el Ch'i se fugue, pasando de largo. La impresión que se tendrá en este caso será la ausencia de vitalidad y frialdad en el interior. Las personas no se sentirán invitadas a quedarse. El camino o el sendero puede aumentar el flujo energético si situamos plantas con flores a lo largo de este; si se planta de un modo irregular y sinuoso se suavizarán las formas rectas haciéndolas más agradables y creando una estela de color y perfumes revitalizantes.

También se puede interrumpir un camino rectilíneo poniendo una fuente con un surtidor a medio sendero, que incluso puede contener peces rojos, que constituyen una parada agradable durante el recorrido y activa la energía. Las flores más adecuadas son las de colores cálidos y delicados: rosa, naranja o lila, con hojas redondeadas y sin espinas, como las hortensias, los ciclámenes o las peonías. Si hay escalones es conveniente regular su forma redondeándolos, suavizándolos, eliminando los

Las plantas junto la puerta principal atraen el Ch'i, invitándolo a entrar en casa. Oficina Botánica

Proyecto de reinstalaciones externas e internas para una empresa de ropa. Los espacios externos, que eran deficitarios de áreas muy evidentes, se han corregido con la colocación de árboles y setos a lo largo de su perímetro; el movimiento sinuoso de las plantas ha permitido suavizar las formas duras y angulosas preexistentes. Arquitecto R. Maci

En la página siguiente, las fuentes pueden utilizarse para crear agradables lugares para descansar, para interrumpir un recorrido demasiado lineal y para que acudan pequeños animales que con su vitalidad aporten energía de crecimiento

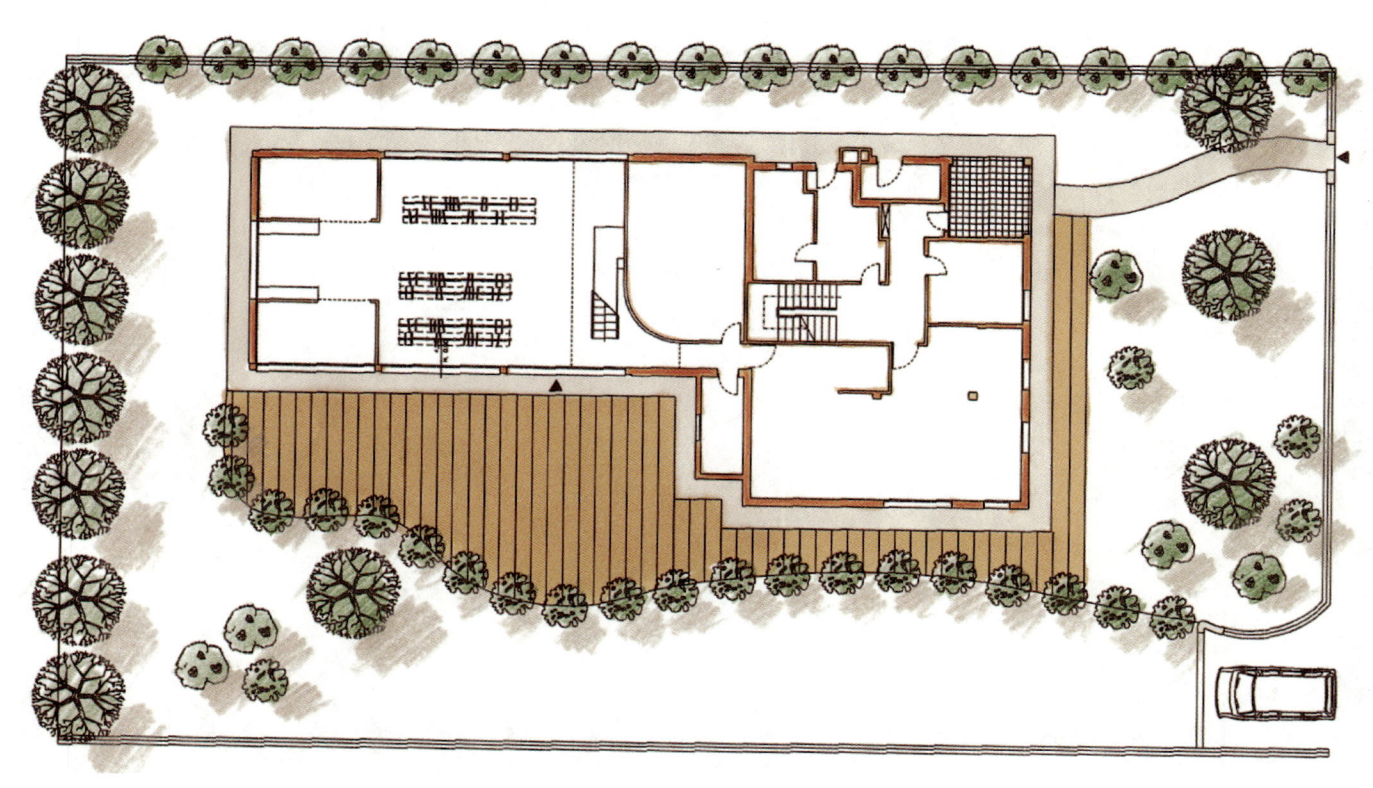

73

En el proyecto de redistribución del jardín y el porche se insertó una fuente semicircular que enriquece el espacio; el pavimento del porche presenta piedras de distinta calidad y colores, su dibujo recuerda una golondrina que arranca el vuelo, y las líneas curvas del sendero simbolizan el recorrido sinuoso y fluido del agua que, como el Ch'i, aporta vida a los ambientes que atraviesa. Jardín de Piombino. Arquitecto A. M. Marrocco

ángulos rectos y colocando, junto a estos, plantas verdes; se evitarán las rocas y las piedras, ya que tienden a dispersar el Ch'i.

La casa y el jardín siempre deben estar comunicados. Se intentará crear vínculos entre estos y nunca divisiones: se pueden llevar a cabo estas uniones con la ayuda de caminitos de gravilla, piedras o losas. También la creación de verandas o porches con ventanas o de invernaderos aumenta la difusión del Ch'i y nos permite estar en contacto con la naturaleza incluso en los meses más fríos.

Para favorecer el descanso y la tranquilidad se crearán zonas pavimentadas o empedradas, dejando un espacio entre un bloque y otro que se puede rellenar con hierba. Se suavizarán las líneas rectas colmando los rincones estancados, reblandeciendo las aristas con la ayuda de plantas o matas de hojas grandes, creando movimientos más naturales. Por otra parte también se pueden ocultar los ángulos con plantas trepadoras (son excelentes por ejemplo las glicinas y las clemátides) y suavizar las líneas con plantas bajas y setos.

El jardín según la teoría de los cinco animales

Al realizar el proyecto del jardín puede aplicarse una interesante escuela de Feng Shui, la de los cinco animales: esta atribuye a los puntos cardinales cuatro animales, más un quinto animal que corresponde al centro: el Dragón se asocia al Este y a la Madera.

Simboliza la estación primaveral y sus características son la benevolencia, la cortesía y la buena fortuna.
El Fénix se asocial al sur y al Fuego y simboliza el verano. Tiene como características la felicidad, la fama y la riqueza.
El Tigre, por otra parte, es el animal asociado al oeste y al Metal. Sus características son la potencia, el peligro y lo imprevisible.
La Tortuga se asocia al norte y al elemento Agua. Representa la seguridad y la protección.
La Serpiente no se asocia a ningún punto cardinal, sino que ocupa la posición central, el punto clave en torno al que giran las demás criaturas y estaciones. El elemento al que se asocia es la Tierra. Sus principales características son la estabilidad, la paciencia, la fuerza y la sabiduría. Aunque no siempre se puede tener un jardín orientado al sur, no obstante siempre es posible garantizar el flujo de energía vital si se asocia el animal correcto a cada rincón del jardín. En términos prácticos, es esencial determinar la parte Tortuga del jardín que debería encontrarse al Norte, detrás de la casa y luego asociarle el lugar a cada animal respecto a esta.
La posición de la Tortuga, cerca de la casa, debe facilitar el acceso y representar al mismo tiempo la invitación y la protección. Son ideales para esta zona las plantas siempre verdes y las de márgenes y borduras.
La parte Fénix, coincida o no con el sur, deberá ser el punto más lejano de la casa; si la casa está clara y efectivamente orientada al sur, la parte Fénix se encontrará en la posición ideal para favorecer la prosperidad. Esta parte del jardín no debería presentar una vegetación demasiado espesa por lo que será preferible plantar pequeños arbustos o plantas aromáticas.
Si el lado Dragón coincide con el este, la dirección de la salida del sol, es el sitio ideal para árboles y matorrales altos, símbolo de la fuerza y la protección; deberá ser el punto más alto del jardín.
El oeste, dirección asociada al Tigre, es la parte ideal para el cultivo de pequeños arbustos y flores. En el centro del jardín, dominio de la Serpiente, deberá plantarse una cantidad mínima de plantas, pero la mejor solución será dejarlo en un prado de forma oval o circular. Actuaremos de manera que estas energías circulen entre sí, favoreciendo las asociaciones entre los cinco animales, y determinando las estaciones, los puntos cardinales, los colores y las formas asociadas a estos.
Se puede asociar otro grupo de símbolos a nuestro jardín, el que forma parte de los cinco elementos, es decir, la energía de la Madera, el Agua, la Tierra, el Fuego y el Metal. Estas cinco fuerzas actúan cada una según una dirección fundamental hacia el exterior o el interior, hacia arriba o hacia abajo, y en dirección rotatoria. Interactuando entre sí siguen un recorrido cíclico evidente con el paso de las estaciones.

La Tortuga

El Dragón

El Tigre

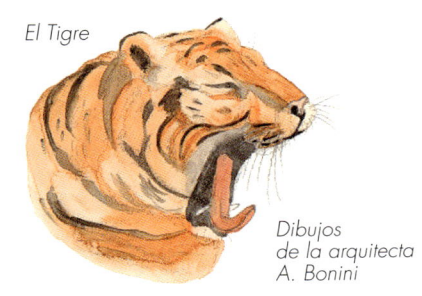

Dibujos de la arquitecta A. Bonini

El Fénix

La Serpiente

EL JARDÍN DEL PALACIO ALDINI
Estudio Creativo Landscape Architecs

El jardín se encuentra en el centro histórico de Bolonia y está rodeado por edificios de prestigio. Para la salvaguarda y recuperación del existente, este jardín recientemente restaurado sigue siendo un interesante ejemplo de aplicación de la doctrina del Feng Shui. En su restauración, el boj *(Buxus pumila)* delimita el prado central y ha creado la base de la composición de forma ovalada, con un estanque artificial en el centro, también ovalado. El agua que, como indica el Feng Shui, es un excelente conductor de energía vital, está rodeada de plantas trepadoras, como la clemátide o el jazmín, de flores suavemente perfumadas. Estamos en presencia de líneas suaves, redondeadas, flores perfumadas y agua: todos los elementos que crean armonía.

El prado central está rodeado por senderos de gravilla y piedras de selenita, y estos también tienen una forma curva y sinuosa. La idea del prado central, y por lo tanto de un espacio sustancialmente libre de vegetación, está en relación con las prescripciones del Feng Shui de dejar desembarazado de una excesiva presencia vegetal el centro del jardín, lugar dominado por la figura simbólica de la Serpiente.

Los márgenes forman el contorno de los senderos de parterres informales, que siguen las líneas curvas predominantes en toda la composición.

Entre las otras plantas utilizadas, es recurrente el uso del bambú, planta de culto para los chinos, que también se adapta bien al clima occidental, con la única precaución de resguardarla siempre del viento, como en el caso analizado que se refiere a un jardín cerrado y protegido.

La doctrina del Feng Shui se concreta en este jardín de formas conciliadoras y circulares que dejan fluir libremente la energía vital del Ch'i sin encontrar obstáculos.

Planimetría del jardín del palacio Aldini. Estudio Creativo Landscape Architects

Vista prospectiva del jardín del palacio Aldini y vista detallada de su realización. Estudio Creativo Landscape Architects

ARQUITECTURA DEL PAISAJE «MINIMALISTA». LA ENERGÍA DE LA MATERIA
Estudio creativo Landscape Architects

De la arquitectura obligada de las construcciones modernas nace un pequeño jardín que aporta una increíble energía, gracias a los elementos naturales presentes en este y dispuestos en armonía.
Toda la composición está dominada por el elemento Agua, con un estanque central rodeado de un arbusto de flores bajo (*Hebe rakaiensis*) y en el centro un pequeño árbol ornamental de desarrollo ancho y ramas que forman planos casi horizontales (*Cornus controversa «Variegada»*). El tipo de asientos, realizados a propósito con los elementos presentes en la naturaleza, busca posteriormente los principios de la antigua doctrina: en uno la energía le es transmitida directamente del prado central que constituye el elemento mismo del viento; en el otro son los guijarros de río, contenidos en una jaula metálica, que transmite el «soplo vital».
El bambú interviene para romper las rígidas geometrías, alternándose con plantas frutales de espaldera. El recurrente empleo del bambú, planta muy apreciada por el Feng Shui, se considera ideal para jardines de pequeñas dimensiones. La pavimentación con grava completa la composición de este pequeño jardín occidental.

Planimetría en color y sesiones del proyecto «Minimal». Estudio Creativo Landscape Architects

Jardín inglés

atrevidos y sin ahogar a las plantas unas con otras. Se pueden crear agradables disrupciones con parterres, senderos, pequeños muros, rocas, guijarros, fuentes, pérgolas, etc. Las plantas, perfecto símbolo de la naturaleza, representan el crecimiento y la fertilidad y señalan la vitalidad del lugar y de sus habitantes. Son un elemento decorativo extremadamente propicio, sobre todo si se varían las especies y las dimensiones; las siempre verdes, símbolo de longevidad, permanecen bellas todo el año y se encuentran entre las especies más robustas ya que resisten la amenaza de los gases de los automóviles en las ciudades.

La elección de la vegetación

Los verdaderos protagonistas del jardín son las plantas, que ofrecen infinitas posibilidades y variaciones de estilos, formas, dimensiones, colores y perfumes, otorgando carácter, personalidad y vida, actuando en el ambiente natural preexistente, en la casa y en el estado de ánimo de las personas que viven en esta. Para que la dedicación a un jardín se convierta en un deber agradable y constructivo debemos movernos con reflexión, a pequeños pasos, dejando lugar a nuestra sensibilidad e intentando buscar siempre la simplicidad, la armonía y el equilibrio. Se buscarán plantas autóctonas o bien plantas que resistan el trasplante lejos de sus lugares de origen, ya que no sólo está en juego su supervivencia, sino también la armonía de las formas y el aspecto natural del lugar. Se determinarán las especies comunes y robustas y se plantarán especies más particulares o que nos gusten mucho, intentado no ser ni rígidos ni esquemáticos, sino mezclando formas y colores de manera aparentemente casual, sin excederse en los acercamientos

Los árboles

Según el Feng Shui, los árboles del jardín pueden generar una gran cantidad de energía que asegura la armonía y el bienestar a las casas y sus habitantes. Hace un tiempo los árboles se consideraban custodios naturales de los difuntos y eran sagrados para muchos pueblos. Símbolo y expresión de vida, equilibrio y sabiduría, el árbol ha sido símbolo de muchos acontecimientos y tradiciones, fuente de conocimientos del bien y el mal en el paraíso terrestre, la mirada secreta de criaturas mágicas. Encierra colores y perfumes siempre variados, cambia con el paso de las estaciones, está en la base del equilibrio ecológico y también cuando muere dona sus restos a otros seres vivos y entra en el perpetuo ciclo de la naturaleza. Cada árbol encierra una historia, un misterio, una memoria del pasado. Sin la transformación del anhídrido carbónico en oxígeno que efectúan árboles y plantas, no podríamos vivir; además, de la belleza y el equilibrio ecológico también derivan alimentos y medicamentos. Los árboles producen iones negativos que

neutralizan los campos electromagnéticos naturales y artificiales, las hojas los atraen y las raíces los absorben, por este motivo nos sentimos más relajados en su presencia. Así los árboles pueden reequilibrar nuestras energías; los que crecen cerca de los cursos de agua en movimiento contribuyen a enaltecer nuestros niveles de energía ya que están enriquecidos con la vitalidad del agua, mientras que los que están cerca de aguas tranquilas (lagos, estanques) o de grandes espacios abiertos nos infunden tranquilidad. Para que los árboles se integren en nuestro jardín ornamental escogeremos las especies según sus dimensiones, su envergadura, el color de las hojas, las flores, los frutos y las cortezas, la duración del follaje, evitando los que sufren viviendo en nuestro clima porque un árbol enfermo o moribundo aporta un mal Sha. Si ello sucediera y no quisiéramos arrancarlo, se puede convertir en la base de una planta trepadora, como la glicina, la clemátide o la pasiflora. Es importante no excederse en el acercamiento de los árboles, sino utilizar especies con dimensiones, formas y colores que armonicen entre sí y que necesiten el mismo tipo de terreno. Deberán evitarse los árboles con ramas horizontales que se entrecortan generando nodos, y las que se desraman rápida y desordenadamente. Entre las especies más apreciadas por el jardín Feng Shui se encuentran el sauce llorón, el bambú y el ginkgo. Entre los árboles frutales ornamentales debe reservarse un lugar especial al ciruelo y al cerezo, árboles de inicio de la primavera, predilectos por la fuerza de renacimiento y de esperanza que transmiten, capaces de despertar las energías de la tierra después y durante los meses invernales.
A continuación se reseñan los árboles idóneos para un jardín Feng Shui.

Roble: muy difundido en Europa, es un árbol que da seguridad y equilibrio a los habitantes del lugar donde se encuentra y es muy apreciado por los animales que lo escogen para crear su propio refugio. Su fuerte tronco y su frondosa copa dan vida a lugares mágicos donde buscar la tranquilidad y el descanso debajo de sus sombrías ramas.

Haya: fue considerado el símbolo del árbol cósmico que une el cielo, la tierra y los infiernos, sosteniendo y nutriendo el cosmos; difundida sobre todo en Europa central, puede alcanzar grandes dimensiones. Si ya tenemos uno en nuestro jardín, debemos cuidarlo, es un árbol con muchas virtudes, también curativas: de la corteza por ejemplo se recoge el tanino, antipirético, tónico y astringente, y de la resina de su madera se crea un desinfectante de las vías respiratorias. Por lo tanto, tener siempre un ejemplar en casa puede ayudar a reequilibrar estos trastornos, en virtud de las vibraciones que transmite.

Tilo: se trata también de un árbol imponente, con una copa globosa y alargada, que florece en los meses de mayo y junio difundiendo un perfume suave e intenso. Árbol muy femenino, dedicado a Afrodita y símbolo del amor conyugal; de sus hojas se hace una infusión que tiene efectos calmantes y digestivos.

Bambú: este es el árbol Feng Shui por excelencia, muy difundido en China, en todo Oriente, al igual que en todo el mundo; posee una fuerte carga Yang, una fuerza que se dobla pero no quiebra. Su flexibilidad y su solidez hicieron que Confucio lo amara profundamente, tanto que hasta lo llamó el «árbol virtuoso». Para los chinos el bambú era a la vez una protección de la intemperie y de los espíritus malignos; aún se fabrican caza espíritus de este material. Está considerado una planta «que sirve para todo»; se utiliza para reforzar la estructura de las casas, para construir elementos de adorno, cubiertos y utensilios. Se crean licores, medicamentos y se puede comer. Forma parte de las gramíneas y existen muchísimas especies de bambú. El bambú crece velozmente si encuentra un terreno rico y graso, pero al no ser una planta autóctona de nuestra tierra puede encontrar algunas dificultades; si deseamos estar seguros de poder disfrutar de toda su energía, debe adquirirse una planta de un par de años que se adaptará mejor a nuestro clima.

Magnolia: con sus flores blancas en forma de cáliz y sus hojas ovaladas, la corteza plateada y lisa, las curvas de las ramas, su fragante y delicadísimo perfume, sólo puede mejorar el Feng Shui de cualquier jardín. Como en China, de donde es originario, también en Occidente se planta tradicionalmente junto a la puerta de la entrada principal de un edificio, ya sea por su belleza o por el sentido de protección que ofrece.

Ginkgo: con sus hojas en forma de abanico, tiene la fuerza de atraer la amistad hacia su propietario.

Pino: junto con el ciprés evoca la inmortalidad, gracias a su robusta madera y sus hojas siempre verdes. Por este motivo los inmortales taoístas se nutren de su resina y sus hojas. Se dice que la resina, cuando penetra en el suelo, produce al cabo de miles de años una especie de hongo maravilloso, el *fung-li*, que aporta la vida eterna. El pino es el símbolo de la

La tradición anglosajona es una de las más importantes en la proyección de los espacios verdes: el equilibrio de formas y colores en la elección de las plantas hace que los jardines ingleses sean de los más famosos del mundo

fuerza vital y de la buena suerte, y compone la tríada de la longevidad junto con el bambú y el endrino.

Arce: originario de China, se encuentra en pequeños y grandes jardines también en Occidente. Es famoso por su corteza, que se disgrega en sutiles láminas que entretienen a los niños. Es un árbol elegante y muy útil para contrastar con el nocivo Sha. Se produce a partir de él un analgésico, además de un famoso y dulce jarabe.

Sauce llorón: se encuentra en muchas religiones y tradiciones, desde la antigua Grecia, hasta el hebraísmo o el cristianismo de época medieval, cuando se consideraba el árbol de los hechizos predilectos de las brujas. Para el Feng Shui este árbol no debería nunca faltar en un jardín; está dotado, entre otras, de reconocidas propiedades medicinales ya que de este se recoge el ácido acetilsalicílico, un potente antipirético y antirreumático. También está reconocido como el árbol de la inmortalidad, puesto que logra desarrollarse incluso de una pequeña ramificación simplemente caída en tierra.

Se podría ampliar la lista profusamente, pero señalaremos sólo algunos de los mejores árboles para un jardín o un parque, como el árbol del Paraíso, muy difundido también en Gran Bretaña y en toda Europa, el alerce, el olmo, el sicómoro, el álamo y el castaño. Entre los árboles frutales ornamentales mencionaremos particularmente el ciruelo, el almendro, el manzano silvestre, el cerezo, el albaricoquero, el melocotonero y el peral.

Las flores

Las flores suman la energía de las plantas verdes con la de los colores y las formas; son por lo tanto particularmente importantes en un jardín Feng Shui y no deberían faltar nunca. Entre tantas posibilidades, hemos señalado algunas especies de las más adecuadas para el jardín Feng Shui que crecen o se encuentran con facilidad también en Occidente. Con todo, debe tenerse en cuenta que si se deja trabajar la intuición y la sensibilidad difícilmente nos equivocaremos; tengamos presentes cuáles son las plantas que ya existen y, como deberemos respetarlas absolutamente, intentaremos acercarles las nuevas plantas con armonía y discreción.

Camelia: es una de las mejores plantas activadoras del Ch'i; posee una notable belleza tanto en sus flores perfumadísimas como en sus bellísimas hojas vedes redondeadas. Se adapta particularmente a la puerta de entrada de la casa y detrás de los muros; es muy resistente a la intemperie.

Retama: estos arbustos se adaptan a casi todos los terrenos y crecen bien junto a los muros, llenando el aire con su perfume y sus colores llenos de la energía del sol. Crecen también en la ciudad y pueden alcanzar los tres metros de altura. Por su resistencia se asocian a la vejez que alimenta la juventud.

Rosa: seguramente debe ser la flor que más se ha descrito en la literatura, la poesía, la mitología y las religiones; la increíble variedad de especies y colores la convierten en una de las más difundidas y más amadas flores del planeta. Crece entre las rocas, cerca del mar, en climas rigurosos y en los muy cálidos, en terrenos húmedos y en los áridos; es el símbolo religioso de los católicos, islámicos e hindúes; está presente en el mito de la civilización griega y romana, es poesía en W. B. Yeats, la filosofía del uno inefable, emblema del secreto. Probablemente proceda de China, donde está muy

Este espacio de Bali, realizado completamente con bambú y materiales locales, puede considerarse perfectamente una casa en la naturaleza, donde el contacto entre los elementos es diario e impregna cada fase de la vida de sus habitantes. Arquitecto A. Casalini

La leyenda de la peonía

La emperatriz Wu Tutian era tan despótica que quería imponer su voluntad incluso a los árboles y a las flores. Un día les ordenó a estas que se abrieran todas para rendirle homenaje y todas obedientes abrieron sus corolas, inclinándose a su paso. Sólo la peonía, considerada la reina de las flores, tuvo la osadía de negarse, provocando la ira de la emperatriz, que ordenó que todas las flores del Catai fueran arrancadas y replantadas en los montes cubiertos de nieve. Pero la peonía impasible soportó ese castigo y, cuando llegó el momento, se abrió al sol la flor más bella de la tierra. Así la emperatriz tuvo que resignarse, revocar el exilio y restituirle el título real.

difundida y bastante utilizada, aunque no goza de la importancia de otras flores como la peonía, el loto y el crisantemo. Para aumentar el Ch'i de nuestro jardín las mejores rosas son las amarillas, la rosa Tea y la rosa de China, la Arethusa, la Old Bus, la Papillon, la Cremisa Superior y la Némesis.

Peonía: llamada la «rosa sin espinas» en China, se considera la reina de las flores, planta símbolo de fortuna y riqueza, tiene muchas virtudes curativas. Existen varias especies con pétalos que van del blanco al crema, hasta la que tiene los bordes salpicados de oro. Se considera la flor por excelencia que mantiene alejado el Sha.

Loto: es una flor iluminada que encontramos en las principales religiones y tradiciones, asociada a distintos mitos. El loto representa la pureza espiritual, la sabiduría, la iluminación que aleja la ignorancia. El rosa en las sesiones esotéricas budistas se reserva a las más altas expresiones de la divinidad. El rojo representa la gran compasión de Buda hacia todos los seres. El loto azul, representado medio cerrado, del que no debe verse el centro, representa la inteligencia suprema. Está difundido como símbolo del taoísmo. Crece en aguas cenagosas y expande a su alrededor sus verdes hojas cóncavas y su delicado perfume. El loto es considerado también un símbolo de paz y amistad. Está aconsejado para los lagos y estanques de China, pero es difícil que se aclimate en Occidente; se

Las ninfeas, al igual que el loto, son flores tradicionalmente vinculadas a la pureza de ideales y sentimientos: al flotar crea una metáfora de belleza e inocencia, incluso en aguas estancadas

puede utilizar sustituyéndolo por una flor de su especie, la ninfea, igualmente bella y con un espléndido perfume, que se adapta mejor a nuestros climas.

Crisantemo: para el Feng Shui el crisantemo es la flor de la longevidad, que aporta una gran energía. En Occidente se asocia a la inmortalidad, ya que es una de las flores otoñales que resisten mucho tiempo y florecen durante el período de las festividades dedicadas a los difuntos. En realidad es una flor con colores alegres y luminosos, de hecho su nombre significa «próspera de oro», y se le atribuyen muchas funciones curativas.

Madreselva: se asocia a la fidelidad. La flor, de un bonito color marfil, difunde un suave y muy delicado perfume que agrada mucho a todos los chinos. Es muy adecuada para formar márgenes y setos, ya que posee bonitas hojas ovaladas de color verde oscuro y se encuentra a gusto incluso en la sombra.

Gardenia: es una flor Yang asociada a la fuerza. Con un intenso perfume y una elegante belleza, en Occidente se cultiva sobre todo en invernaderos o en el exterior de las zonas más soleadas y bien irrigadas, ya que necesita climas cálidos y meridionales. Puede alcanzar los diez metros de altura. Florece en verano, pero existe una especie, la *Veitchii*, que florece en invierno en el interior.

Geranio: es de fácil cultivo, resistente en climas muy cálidos y además mantiene alejados a los insectos.

Lirio: es el símbolo de la fecundidad y la pureza. Fue considerada la flor sagrada en los cultos femeninos y se utilizó como símbolo en muchas religiones. Se aconseja sobre todo el lirio tigrino, que da unas preciosas flores anaranjadas con manchas negras y púrpuras, particularmente Yang y activas incluso cuando se cortan.

Hibisco: es el símbolo de la belleza fugaz y de la abundancia y aunque sus flores duran sólo un día, se abren en gran cantidad en verano y al principio del otoño; este proceso de continua renovación es muy útil para el flujo del Ch'i. En China está muy difundido como planta de jarrón, y en Occidente es más adecuada para ser cultivada en invernadero o en el interior, ya que le gustan los climas cálidos. Puede ser de color rojo, violeta, azul o blanco. De sus flores, que contienen ácido cítrico y tartárico, se obtiene el *carkadé*, una bebida muy buena para combatir la sed y muy vitamínica.

Lavanda: con sus tallos y su delicado perfume llena los rincones del jardín, irradiando serenidad y frescura. Está muy difundida en los climas mediterráneos y se utiliza para crear bellísimas matas de colores en los jardines. También se corta para perfumar los ambientes.

Muguete: símbolo de la inocencia y la virginidad, es una delicada y perfumadísima flor en forma de campanilla que queda protegida de las heladas primaverales por sus hojas alargadas, que la envuelven hasta que llegan los primeros rayos de sol, cuando se abre blanco y perfumado.

Narciso: en China es el símbolo de la felicidad y la prosperidad y se regala como señal de deseo de un buen año; por el color de sus pétalos amarillos se asocia al sol.

Hortensia: flor Yang, muy apreciada por los chinos, florece durante todo el verano y se adapta a los jardines de ciudad. Prefiere una insolación fuerte y un terreno

Lago con ninfeas

Arco con plantas trepadoras. Proyecto de M. Canazza. Oficina Botánica

bien drenado. Es adecuada para el Feng Shui por sus hojas y sus flores de formas redondeadas; es particularmente activa cuando crece debajo de la copa frondosa de un árbol.

Rododendro: planta Yin asociada a la delicadeza, se utiliza mucho en jardines Feng Shui, ya sea formando parte de setos y matas como en jardines rocosos donde encuentra su perfecta expresión en las azaleas. Le gusta estar a la sombra y los terrenos ácidos, húmedos, no demasiado mojados y ricos en humus. Florece desde la primavera hasta el inicio del verano.

Las enredaderas

Este tipo de plantas es muy adecuado para esconder los ángulos rectos de una casa y para esconder muros viejos o con colores poco agradables: existe una gran variedad de plantas trepadoras, pero debe recordarse que las más activas son las que tienen hojas redondeadas de color verde oscuro o con flores. Así la elección puede ir desde las muchas variedades de rosas trepadoras, la espléndida pasiflora, la perfumadísima glicina o las muy diversas variedades y colores de clemátides, una flor muy Yang, símbolo del vigor.

Jazmín: símbolo Yin de la amistad, con su suave perfume es una trepadora ideal para encuadrar el jardín; es muy adecuada para cubrir muros, pérgolas y prefiere las zonas mixtas y soleadas.

Clemátide: es una de las preferidas del Feng Shui, con su variedad de racimos de flores blancas en forma de estrella, procedente del Himalaya, con sus bonitas hojas trilobulares de color verde claro. Las variedades rosa fuerte y violeta son adecuadas para cubrir torretas, muros y árboles desnudos, desarrollándose verticalmente algunos metros e incluso en sentido horizontal. Son fáciles de cultivar, aunque inicialmente necesitan tutores que las sostengan, bastoncitos, palos, torretas o viejos árboles secos a los que darán una nueva vida. En Inglaterra se llaman *traveller's joy*, la alegría del transeúnte, ya que se encuentran a menudo en los bosques y los campos de toda Europa, bordeando los setos de las zarzas.

Pasiflora: planta originaria de México. Se llama así porque su descubridor encontró muchas analogías entre la flor y los símbolos de la pasión de Cristo. Tiene un bellísimo color azul violáceo y largos estambres y filamentos. El tinte que producen sus hojas y sus raíces es útil como ansiolítico y para curar el insomnio.

Glicina: planta Yin asociada a la belleza, puede tener un empleo versátil en los jardines, para cubrir muros, pérgolas, torretas o como enredadera. Es una planta originaria de China y Mongolia; crece apoyándose en un árbol o un muro y se asocia al magnetismo de Júpiter; reactiva los flujos de las ideas y ayuda a desarrollar la capacidad de concreción.

Lilas: perfumadísima flor Yang asociada a la virilidad, puede utilizarse par cubrir pérgolas, setos o rocallas. Las flores tienen un delicado color lila y se abren en junio y en septiembre. Se adapta bien y puede ser cultivada tanto en Oriente como en Occidente, en el campo o en la ciudad donde resiste bien la contaminación. Existe una especie de esta enredadera, denominada *Syringa reflexa*, que tiene un color rosa intenso.

Los elementos decorativos

Si el jardín tiene una forma rectangular debería evitarse subdividir el terreno en parterres y espacios con contornos rígidamente definidos o rellenar cada parte del jardín. Se intentará disfrutar al máximo del espacio abierto creando una cornisa natural donde las flores, las plantas y los árboles estén todos en equilibrio entre sí. Se pueden crear cornisas con pequeñas losas de superficie lisa, o bien con piedras rocosas, que creen un contorno suave e irregular. Se intentará no mezclar demasiados perfumes y colores en el interior de un parterre, sino que se preferirán dos o tres variedades y se diferenciará mejor un parterre de otro.

Los senderos y caminos deberían siempre atravesar los jardines siguiendo formas serpenteantes. Por otra parte es preciso considerar su dirección: si proceden del lado Oeste de la casa deberían girar lo máximo posible mientras que los que proceden de la parte meridional pueden tener formas más suaves, ya que la energía que procede de esta parte es la más fuerte. Se puede constituir un verdadero y propio empedrado, con tierra batida, gravilla, pequeños guijarros o láminas de piedra natural.

Jardín con plantas trepadoras en Yorkshire

Doble quiosco. Proyecto de M. Canazza. Oficina Botánica

A la derecha, *sendero en un parque inglés*

Pérgola de un chalet. Proyecto de M. Canazza. Oficina Botánica

Lo importante es que el conjunto de colores combine con el de la casa y el jardín, que la superficie pueda ser recorrida fácilmente por las personas y que no cree obstáculos en el recorrido del Ch'i. Encañizados, paneles, pérgolas y quioscos son muy útiles si se sitúan a lo largo de los senderos o para ocultar muros poco estéticos o estructuras poco agradables a la vista. Las arcadas de bambú se consideran indicio de larga vida y prosperidad. Los muritos que van hacia la casa atraen a la fortuna. Si debemos construir uno, podemos utilizar una línea ondulada de matas de colores tenues, crear en el interior una apertura que muestre un trozo del jardín y que cree prospectivamente un cuadro propio y verdadero.

Al ser el agua uno de los elementos fundamentales del Feng Shui, reviste una particular importancia en el equilibrio del jardín; al aportar fortuna y riqueza, en China se encauzaba en canales desde los cursos de agua naturales hasta dentro de los jardines, haciendo que entrara preferiblemente por el Este para beneficiarse al máximo del Ch'i. Los lagos, riachuelos, estanques y fuentes pueden situarse al Este o al Sur, que son las mejores direcciones para aumentar el flujo de energía vital.

Es importante que las zonas de agua respeten la forma típica que les está asociada, la irregularidad, y serán particularmente positivas si contienen flores (ninfeas, lotos, etc.) o si están rodeadas de estas; también trae buena suerte colocar peces rojos que atraigan la fortuna. Es importante que el agua esté en movimiento: si creamos laguitos que no se mueven naturalmente, se puede disponer en su interior una bomba eléctrica que favorecerá la circulación del Ch'i. También se pueden crear jardines rocosos: son excelentes situados al norte de las zonas de agua, donde el Yang de las rocas equilibra el Yin del agua.

Por lo tanto, se pueden crear pequeños riachuelos o estanques en el interior de una rocalla y poner un puentecito de unión con arco entre ambos lados.

La combinación de formas rudas y lisas, las distintas dimensiones y la irregularidad de piedras y rocas confieren al jardín equilibrio y armonía.

Las zonas de ocio

Con los elementos que hemos presentado, se pueden crear rincones de descanso o sociales donde pasar muchas horas agradables solos o con nuestros seres queridos. En las zonas más íntimas del jardín, posiblemente en la parte posterior de la casa o junto a la entrada, se puede crear un rincón de descanso donde situar una hamaca, una mesita de mimbre o bambú, sillas y tumbonas, y colocar una lámpara exterior que nos permita disfrutar de estos espacios incluso por las

Sendero en el jardín de la casa de Monet en Giverny

Arriba, comedor al aire libre. Proyecto de M. Canazza. Oficina Botánica

Abajo, cena verde. Proyecto de M. Canazza. Oficina Botánica

noches. Si plantamos geranios o toronjil mantendremos alejados a una buena parte de los insectos. También se puede crear un rincón placentero en torno a una pila de agua o una fuente, que con su dulce rumor relajará y hará más agradables los encuentros. En caso de no disponer de un rincón apartado en la parte posterior de la casa se puede construir una pérgola o un quiosco, a poder ser cubierto de plantas trepadoras y poner en este algunos muebles simples: basta una mesita, algunas sillas, algunas lámparas y quizá una toma eléctrica para poder disponer de música cuando lo deseemos.

Si poseemos un espacio amplio y un poco distante de la casa se puede crear un lugar para los niños, colocando un columpio, un tobogán, juegos y algunas plantas fuertes a su alrededor, sin espinas y que no sean venenosas.

Incluso un simple prado puede desencadenar la fantasía de un niño si se le deja en libertad en medio de las maravillas de la naturaleza. Sasolitas, platitas, cursos de agua, huecos en los árboles, pasos entre los setos y follajes estimularán su curiosidad y su fantasía y les permitirán desarrollar un mundo paralelo al de casa, que les enriquecerá enormemente, como sólo la naturaleza es capaz de hacer.

Si tenemos mascotas, pensemos también en reservar un espacio expreso para los animales, donde puedan estar resguardados pero también ser libres de moverse lo más fácilmente posible. Por lo tanto evitaremos cadenas para los perros y crearemos más bien un recinto donde puedan correr, eliminando las estrechas jaulas para los pájaros y, si es necesario, disponiendo amplias pajareras. Instalando algunas fuentes para pájaros y suministradoras de simientes, seremos visitados por las especies que estén presentes en la zona, favoreciendo una armonía más natural.

Si la estructura de nuestra casa nos lo permite, se puede comer en el exterior, creando una asociación directa o a través de un porche, entre la cocina o el comedor y el exterior.

Estos espacios se utilizarán al máximo. El contacto con la energía del sol, con lo verde, con los perfumes y los colores que nos rodean creará un ambiente particularmente distendido durante las comidas que facilitará

Arriba, rincón de descanso en la terraza. Proyecto de M. Canazza. Oficina Botánica

La Naturaleza, *ilustración de Clementina Mingozzi*

Relajación en Bali. Arquitecto A. Casalini

la alimentación y las relaciones con nuestros familiares o amigos. El contacto con la naturaleza nos nutrirá si sabemos acercarnos a esta y dejarnos penetrar por las sensaciones y emociones que nos comunica: entraremos en un espíritu mucho más amplio, más primordial, más cósmico y habremos entendido verdaderamente el Feng Shui.

El porche debe considerarse un lugar «filtro», el punto de paso entre la intimidad del interior y del exterior. Puede ser utilizada para conservar las plantas, pero también para comer o para un agradable rincón de lectura o conversación

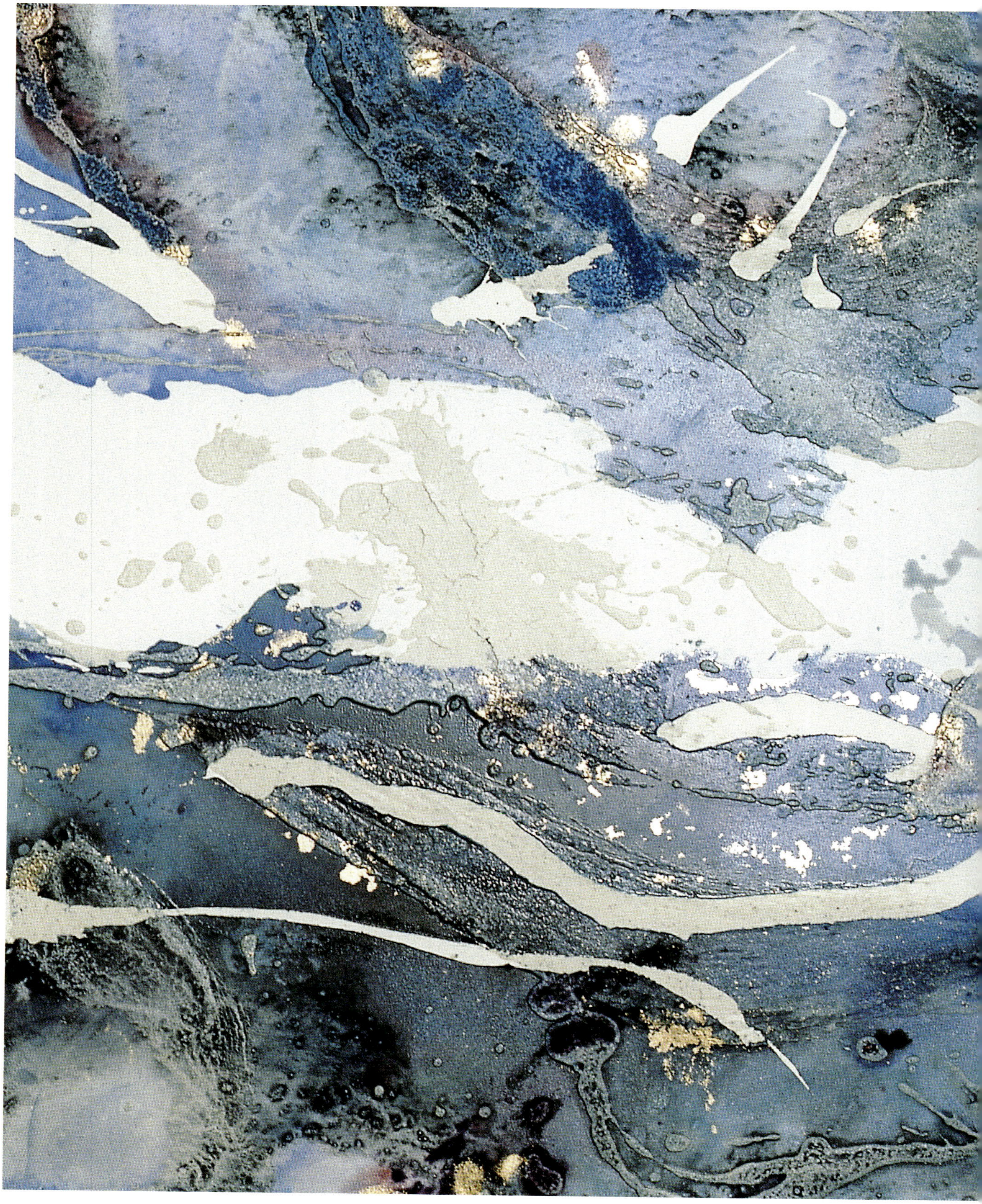

El lugar de trabajo

Como ya hemos ampliamente subrayado, las técnicas de Feng Shui se pueden aplicar a todos los espacios en los que tenemos que vivir, además de nuestra casa.
A menudo pasamos más tiempo en el lugar de trabajo que en el hogar, o por lo menos pasamos la mayor parte de las horas diurnas.
Por ello es muy importante cuidar el ambiente donde trabajamos, donde producimos y creamos: si no somos los únicos del lugar donde desarrollamos nuestra profesión al menos podremos aportar algunos detalles que nos ayuden a que nuestra actividad sea más agradable, que nos estimule a crear más y a estar en sintonía con los que comparten nuestro espacio y trabajan con nosotros.
Los expertos de Feng Shui actualmente están muy solicitados en el campo de las finanzas y muchas empresas estadounidenses, de Hong Kong y de Singapur solicitan este tipo de consulta, ya que la competencia reina despiadadamente en estos ambientes y se busca mejorar la propia imagen y las propias prestaciones con distintas técnicas.
El apoyo del Feng Shui puede ser de gran ayuda para llegar a una mayor conciencia de las propias fuerzas y para reconocer las debilidades de las estrategias de la competencia. Las técnicas que se están proponiendo pueden variar en función del trabajo; un estudio profesional, un centro comercial o un banco no tienen los mismos objetivos, ni siquiera el mismo tipo de relación con la clientela: las respuestas del Feng Shui serán distintas según la profesión o el impulso que se le quiera dar.
Se pueden aplicar los principios generales de armonía del Feng Shui y las reglas del Ba Gua interviniendo en las formas, las dimensiones, las orientaciones, los materiales, los colores y las luces, y subdividiendo las actividades profesionales en función del elemento al que se asocian, a su colocación respecto a los puntos cardinales y a los símbolos que se le asocian.

Oficinas y estudios profesionales

La ubicación de una oficina se escoge a partir de su relativa comodidad de acceso. No debería estar demasiado expuesto a un continuo ir y venir, sino más bien localizarse en un rincón tranquilo de una zona de mucho tráfico, por ejemplo una calle lateral a la principal, o en la planta superior de una tienda.
Ante todo deberá valorarse la composición de nuestra oficina, si está constituida por una única sala o si las salas son más de una y si hay servicios. Por lo tanto, se puede aplicar el Ba Gua a la única

habitación o a toda la planta de la oficina.

La oficina directiva debe expresar una idea de fuerza o poder; debe quedar protegida de todo lo que podría debilitarla o perjudicarla. El mejor sitio para la mesa será el rincón opuesto a la entrada, de modo que en seguida pueda verse quién entra y no ser sorprendidos en nuestro propio trabajo, lo que podría debilitar el Ch'i. Una posición un poco elevada, una mesa espaciosa o una silla muy cómoda pueden impresionar al interlocutor; la orientación puede estar en armonía con el Ba Gua, los puntos cardinales o la relación con los cinco elementos, según escojamos nosotros solos o con la ayuda de un experto en la materia. Las mejores formas para la mesa y la mesa de despacho son las cuadradas o rectangulares, eventualmente pueden ser ovales o redondas si se utilizan para reuniones de trabajo. Se evitará ocupar los lugares frente al ángulo de la mesa y se cuidará que el lugar cuya parte posterior quede orientada a la puerta sea sólo para huéspedes ocasionales. Nos reservaremos nuestra silla, cuya parte posterior quede orientada a la pared, y evitaremos tener librerías o muebles justo sobre nuestra cabeza mientras trabajamos. Lo mismo puede decirse de las vigas o lámparas voluminosas que nos transfieren sus ondas y crean una sensación de incomodidad y amenaza.

Para que la recepción de este estudio gráfico sea acogedor y funcional, se han escogido formas suaves y redondeadas, tanto para el mostrador como para los asientos, que se han escogido de colores muy encendidos y materiales cómodos y refinados. Proyecto LAB+. Fotografía de Studio C.N.B. & C.

A la derecha, en este proyecto de oficina directora las paredes de la sala han sido revestidas completamente por librerías de madera y se han colocado algunos monitores para las proyecciones de vídeo. La mesa de reuniones tiene una forma ovalada y alargada y está iluminada con lámparas halógenas directas para favorecer el trabajo y la concentración; se ha creado una zona más apartada para la conversación y la espera, con cómodos silloncitos y mesas de diseño, de color y con formas suaves. Arquitecto R. Maci

Allí donde no sea posible poner la mesa en otro lugar, se puede crear un falso techo o cubrir las vigas con una tela o un tejido suave de color claro. Sobreponiendo idealmente el Ba Gua a la mesa y manteniendo la parte de la Carrera en correspondencia con la posición de la silla, dispondremos los aparatos tecnológicos en la zona de la Creatividad, a la derecha (Metal – Oeste), papeles y documentos en la zona de la Carrera, y fotografías y recuerdos personales en un lugar elevado, a la derecha (área de las Relaciones) y así con las asociaciones de las distintas áreas. La energía solar debe poder llegar a todos los rincones y, en particular, a las zonas donde pasamos más tiempo; nuestro despacho o nuestra mesa deberían estar de lado respecto a la ventana principal, y no ponerlos de espaldas, para que podamos observar con claridad el trabajo, no cansar la vista y gozar del baño de luz y energía que procede del exterior. Es conveniente que la vista de la ventana sea visible desde la puerta de entrada de la estancia. También es preciso escoger una silla o un sillón ergonómico, fabricado con materiales y tejidos naturales, si puede ser, reversibles; el despacho debería tener unas dimensiones proporcionales a la habitación, al tipo de trabajo que tiene que desarrollarse y a la eventual presencia simultánea de personas. Si se recibe una flecha de una arista de un edificio adyacente del exterior, o si este dominara por su altura y dimensiones, podemos poner un espejo para reflejar esta imagen y desviarla. Incluso una oficina que se encuentra al fondo de un pasillo es perjudicial, ya que es golpeada como con un dardo por la fuerza del Ch'i.

Deberá dejarse el centro de la mesa del despacho vacío y considerarlo el punto donde se reúnen las energías, ya sea mentales o materiales; se dispondrá allí todo lo que nos sirva para concentrarnos en una idea o un proyecto, como por ejemplo apuntes, libros, dibujos u objetos que sean necesarios en nuestro trabajo particular, y se desocupará este espacio después de desarrollar la actividad. En el Ba Gua esta zona corresponde a la zona del Tao, la fusión del Yin y el Yang, es un espacio de gran concentración de energía, que no obstante debe dejarse libre para que fluya y se transforme, desembarazándola después de desarrollar sus funciones. Frente a nosotros, en la parte opuesta, se situará un objeto o recuerdos que se asocien a nuestro éxito personal, a nuestra fama y a lo que aspiramos.

No deberían situarse dos mesas de despacho una frente a otra; si no es posible ponerlas más separadas, entre estas pondremos plantas o un cristal; se evitará que sus ocupantes entren en competición. Evitaremos poner la mesa justo frente a la puerta, para no recibir directamente la energía violenta del Ch'i, sino que la invitaremos a entrar suavemente escogiendo muebles con formas redondeadas y plantas que creen un recorrido natural y sinuoso.

Para mover la energía de la estancia se puede poner un acuario o una fuente, con agua en movimiento que, además de aumentar la energía, simboliza el dinero y absorbe en parte los iones positivos producidos por el ordenador, la impresora, los teléfonos, etc., ayuda a descansar la mente y estimula los trabajos creativos. También las plantas, con su energía Madera, están muy indicadas en este ambiente porque aportan energía de crecimiento y son filtros muy válidos para el aire además de aportar equilibrio psíquico y físico. Es mejor escoger plantas con hojas redondeadas, evitando las espinosas, que pueden provocar conflictos y tensiones; también es excelente escoger flores frescas que deberán cambiarse con frecuencia, con los colores más adecuados para este ambiente.

La recepción de esta escuela de formación, a la que se accede por la escalera de la planta baja, se ha subdividido en dos partes pero sin separaciones netas: el mostrador de información a la derecha, el panel indicador de las actividades en el centro y la zona de espera a la izquierda, protegidos detrás por una pared curva. La iluminación y la elección de los colores —toques brillantes con bases claras— hacen que este ambiente sea funcional para que sea fácil encontrar los servicios a los que se desea acceder. Arquitecto R. Maci

COLORES QUE POTENCIAN Y FAVORECEN UNA ACTIVIDAD

Se pueden utilizar estos colores para pintar una o dos paredes, para el mobiliario, los tejidos o las lámparas, recordando que deberán preferirse los tonos claros para las superficies grandes y los colores más fuertes para lo específico.

Blanco: coherencia, tenacidad, honestidad e idealismo (trabajos asociados a la filantropía, voluntariedad, religión, compromiso social).

Amarillo u ocre: estímulo, alegría, sociabilidad (trabajos creativos, en equipo, enseñanza).

Anaranjado: equilibrio, concentración, energía, optimismo (trabajos de meditación, filosóficos, cuidado del cuerpo, estudios de imagen y marketing).

Rosa: tranquilidad, curiosidad, paciencia (trabajos asociados a la infancia, al cuidado de ancianos, a actividades dulces).

Rojo: valentía, espíritu de iniciativa (trabajos comerciales, finanzas, especulación, estudios legales, publicidad).

Azul: tranquilidad, concentración (trabajos filosóficos, políticos, enseñanza).

Verde: equilibrio, optimismo, creatividad (hospitales, clínicas, ambulatorios).

Subrayamos la importancia de que las plantas gocen siempre de excelente salud, si no, deberán sustituirse por otras nuevas.

Los laboratorios

El laboratorio es un espacio de trabajo creativo donde habitualmente hierve la actividad y necesita una gran cantidad de objetos e instrumentos; lo que importa es crear un espacio donde reinen un orden y una armonía tales que faciliten las actividades incluso en los momentos más intensos.

Es conveniente guardar todos los materiales y los instrumentos necesarios en contenedores y muebles fácilmente identificables y, en cambio, separar lo que se utiliza diariamente de lo que se utiliza de vez en cuando. Se pondrán los instrumentos, productos y aparatos peligrosos en muebles sólidos, de algún material ignífugo, que pueda cerrarse con llave y los guardaremos en la zona más protegida del laboratorio, si puede ser cerca de una ventana o de un sistema de ventilación. Es importante que el ambiente esté bien ventilado, que haya amplias aberturas y que la iluminación artificial esté bien cuidada, viva pero no fatigante, evitando luces de neón y prefiriendo luces técnicas de incandescencia.

Como en general en estos ambientes debe privilegiarse más la funcionalidad que la estética, la elección del mobiliario debe realizarse utilizando formas funcionales y al mismo tiempo armónicas, que puedan ser rectangulares para las mesas de trabajo, pero con aristas redondeadas, sillas cómodas pero ligeras, materiales sanos e ignífugos, tanto para el mobiliario como para los pavimentos y revestimientos, y colores claros, estimulantes o relajantes, según la actividad que se desarrolle o según la función atribuida a las distintas áreas del local.

Un sofá en la zona de descanso (o del Conocimiento) puede servir para descansar en los momentos de cansancio o para acoger a personas amigas; se puede poner frente a una mesita redonda con algunas revistas o libros.

La mejor zona para recibir a los clientes y las visitas es la de los Benefactores, que puede hacerse más acogedora con la presencia de algunos sillones de color amarillo o verde, una mesa, algunas revistas del sector, algunas imágenes o fotografías que tengan que ver con nuestra actividad, una buena iluminación, cálida y viva, y un fondo musical para las esperas. En esta zona se puede disponer también un pequeño rincón bar para que nuestros clientes puedan restaurarse.

Todo ello demostrará un cuidado y una atención particular hacia las visitas que acogemos, y podremos recibir a una gran diversidad de personas. Para evitar que los trabajos más ruidosos trastornen a los que estén ocupados en otras actividades, deberá preverse un espacio aparte para este tipo de funciones, utilizando paredes fonoaislantes, si es posible pintadas de verde claro, color que relaja la mente. Se pueden dividir las áreas del laboratorio según las funciones a partir del esquema del Ba Gua o a la orientación respecto a los puntos cardinales y a la exposición a la luz natural del sol.

Las actividades comerciales

Las actividades comerciales comprenden una infinita gama de categorías; hemos intentado subdividir las principales y más difundidas en grupos cuya característica común es el tipo de servicio desarrollado o de producto a la venta y el elemento simbólico al que se asocian según el Feng Shui.

Si se puede escoger dónde situar un negocio, un centro comercial, o un supermercado, preferiremos una zona intensa de paso pero con facilidad de acceso, servicios cómodos y aparcamientos limítrofes. No basta con que sea un punto muy frecuentado y visible de la ciudad: es importante que la gente pueda estar durante un tiempo sin problemas y que pueda efectuar las compras sin sufrir problemas de transporte. Si nuestra actividad no permite un aparcamiento fácil, se dispondrá de un servicio de entrega a domicilio gratuito o a precios competitivos ¡de lo contrario, nuestros clientes se irán a otra parte!

Existen muchas técnicas para atraer la atención de los clientes, por lo que escogeremos, de las descritas, las más indicadas para nuestra actividad y no debemos olvidar que para alcanzar buenos resultados es preciso equilibrar bien las energías y no hacer más que lo oportuno. Debe cuidarse mucho la parte externa de nuestro

La plaza del mercado, lugar de encuentro de la población

Esta tienda, de reducidas dimensiones, disfruta al máximo de las potencialidades del escaparate. Una correcta elección de los productos en exposición, los cromáticamente más apetitosos y atractivos, una disposición abundante pero ordenada, confieren al local un aire de voluptuosidad, prosperidad e higiene. Completan el resultado final una correcta iluminación y la frecuente sustitución de la mercancía expuesta. Dall'Olio. Bolonia

Un antiguo letrero de una tienda de perfumes llama la atención de productos de alimentación con una divertida alusión. Dall'Olio. Bolonia

negocio, lo primero que se ve al inicio de la actividad nos procurará más o menos clientela; en seguida nos conocerán por nuestra profesionalidad, por la bondad de los productos, por el boca a boca entre clientes, etc., pero cuando ninguno nos conoce debemos concentrarnos en el aspecto interno o externo del local.

Por lo tanto se dispondrá de un gran escaparate, donde poder exponer los productos más apetitosos, cuidando los colores, la iluminación y sustituyendo a menudo estos productos para poder dar la impresión de suministro continuo de artículos. Sobre el escaparate debe colocarse el letrero con el nombre del establecimiento, en colores brillantes o con bombillas de colores, y en la entrada, a ambos lados, plantas, según el espacio del que dispongamos, que soporten bien la exposición al exterior y al tráfico de la calle; se comprobará a menudo que estén siempre con buena salud, y eventualmente las cambiaremos según las estaciones, adecuándolas a los distintos períodos del año y a las fiestas.

Las tiendas de alimentación

Las actividades de este sector no tienen necesidad de tener dimensiones particulares, tanto una tienda grande como una pequeña pueden tener éxito, lo que importa es crear un espacio en armonía que invite a la gente a entrar. Si disponemos de un pequeño espacio se puede pensar en vender alimentos más buscados, *delicatessen*, dulces, especialidades regionales o internacionales. Es importante que sean alimentos que estén contenidos en pequeñas cajas, muy cuidados en su confección y muy apetecibles. Si se dispone de poco espacio para su almacenamiento, se producirán en breves cadencias, estacionalmente, que sean fáciles de suministrar, innovadores e incluso más bien costosos. Como el problema de un local de este tipo es el espacio, deberemos buscar una clientela refinada, exigente y dispuesta a gastar, trabajando con la necesidad de exclusividad y de lujo, pero también de las buenas materias primas y elaboración artesanal.

Las tiendas de alimentación necesitan para funcionar bien un aspecto muy limpio, de orden, el perfume natural de los alimentos, una iluminación viva y acogedora. Se pueden utilizar incluso colores brillantes y atractivos, como el rojo y algunos detalles de color oro, y poner detrás de las estanterías de alimentos espejos que aumenten la profundidad del espacio y dupliquen visualmente la cantidad de productos.

Si se dispone de un espacio mayor se puede diferenciar la selección de productos que se venderán, dividiéndolos según los contenidos y su duración. Se intentará poner cerca de la caja los alimentos más perecederos y de uso diario, de modo que sean los que se escojan más rápido, y se colocarán los demás en estanterías no demasiado altas, de modo que todo se pueda alcanzar fácilmente. Si los techos son muy altos, se puede aprovechar este espacio para la exposición de productos muy caros, o para reponer documentos y papel que puedan faltar en la oficina, conservándolos en muebles cerrados.

Si deben crearse pasos para los productos, haremos que sean simétricos y que permitan una circulación fluida de las personas y el Ch'i. Crearemos un recorrido lineal, pero armonioso, no bloquearemos el flujo, por ejemplo, dejando las ofertas especiales y las cajas de agua en medio del pasillo, sino realizando para estos una zona a propósito. Cuando se dispongan los productos, se intentará respetar la armonía de los colores y las dimensiones y no se sobrecargarán las estanterías, porque la confusión no incrementa las ventas, ni dejaremos huecos en la disposición, lo que daría una impresión de escasez y poca fortuna en los negocios. Como este tipo de actividad presenta una gran variedad de selección, será preciso tener en cuenta los colores y las formas, por lo que para las paredes y el mobiliario se escogerán colores claros, luminosos, muy «limpios», como el crema, los amarillos, los anaranjados, y formas suaves, con aristas redondeadas y materiales lisos, fácilmente lavables, eventualmente también superficies reflectantes.

Perfumerías, peluquerías y centros de estética

Esta categoría de negocio es una de las más prescindibles y, por lo tanto, este tipo de centros deberían ser particularmente atractivos, tanto en las zonas populares de la ciudad como en los centros históricos y comerciales. Se trata de estimular una necesidad de higiene personal, pero también de cuidado del cuerpo, lujo y vanidad. Por ello deberemos escoger los productos según la franja de público a la que nos dirijamos, aunque quizás una gama de precios diversificada puede ser la mejor solución, ya que en las ciudades la división por categorías sociales es menos drástica que en otras partes y la necesidad de un producto especial y costoso puede surgir también en clientes de costumbres espartanas.

Es muy importante en este tipo de negocio disponer de un espacio para atender y probar los productos, si es posible un poco apartado respecto al resto del local, de modo que pueda darse el tiempo y la reserva necesarios a los clientes para que experimenten los productos nuevos, asistidos por personal especializado. Los momentos transcurridos en estos

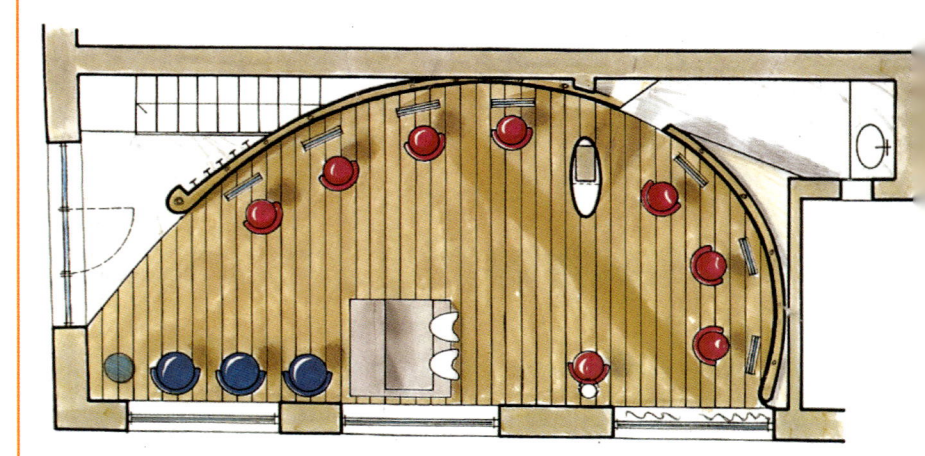

Proyecto de salón de estética en Cesenatico (FO). Para realizar este salón de estética se ha aplicado el Ba Gua a la planta original, colocando las distintas actividades (tratamiento, masaje, relajación, venta de productos) en las posiciones más adecuadas, favoreciendo la circulación del Ch'i con la creación de un pasillo de formas sinuosas y colocando espejos en la zona central del local (Tai Ch'i)

*Planta de una peluquería. En este local se han creado formas suaves y armoniosas que generan sensaciones de bienestar a la clientela, cuidando mucho los materiales: madera, cristal y espejos, y la iluminación, viva y cálida.
Arquitecto R. Maci*

*Esquema de una peluquería. El local permite que cada cliente tenga un espacio para él, con cómodas sillas y espejos situados frente a cada una de estas. Para una mayor libertad de movimiento de las personas se ha buscado la sencillez de las formas y la viveza de los colores.
Arquitecto R. Maci*

lugares deben representar realmente momentos en los que se tenga en cuenta el propio cuerpo, para renovarse y agradarse, y el cuidado de la imagen se convierta en lo fundamental.

Los productos deben quedar expuestos en cantidad, ordenados por sus marcas y funciones; deben disponer de un probador; además de funcional, el mobiliario debe ser agradable a la vista, con colores claros, y cómodo de usar; los tejidos blandos, fluidos y naturales; los pavimentos deben estar siempre muy limpios, deben ser lavables fácilmente y no hacer resonar el ruido de los pasos. Es una buena idea tener música relajante de fondo, disponer revistas para su consulta, utilizar espejos para aumentar las dimensiones del local y dar la posibilidad a los clientes de mirarse cómodamente.

Si deben crearse espacios a propósito para el relax, masajes o los distintos tratamientos para las personas, se reservarán las zonas más tranquilas del local, con menor tránsito, donde el cliente pueda dejarse ir verdaderamente y sentirse relajado.

Cuidaremos bien los colores y la iluminación que deben ser vivos y acogedores en las zonas de entrada y venta de productos, con puntos de luz directos y colores claros en las zonas de tratamientos específicos, colores más tenues y luces más bajas en las zonas de relax y masaje.

Las mesas y los estantes de cristal serán muy adecuados para este ambiente, ya que permiten que la luz y los colores se difundan en los espacios y creen más ligereza.

Ropa y zapatos

Este tipo de actividad requiere tanto las necesidades primarias de reparación y defensa de nuestro cuerpo como las veleidades referentes a la autosatisfacción de impulsos relacionados con la moda y el deseo de agradar. Por lo tanto, según si nuestro local privilegia un aspecto más que el otro, será importante que se coloque en una zona de paso de la ciudad y que se adapte de vez en cuando no sólo al cambio de estaciones, sino también a las exigencias de los compradores.

Por ello, al elegir el local y los muebles se intentará no ligarse demasiado a estructuras pesadas y difícilmente modificables.

Se escogerán paredes suaves, fácilmente pintables, muebles ligeros y armoniosos, espejos colgantes, luces y focos fácilmente extraíbles. Si tenemos una base «móvil» y fluida no será necesario cambiar cada vez su disposición, ya que con pequeñas modificaciones en la colocación de las cosas se podrá dar un aire nuevo al ambiente. Las tiendas dedicadas a un público joven pueden tener colores subidos, una fuerte iluminación y la música a un volumen alto que requieran la entrada e inviten a probar y a adquirir. Si se trata de una tienda más tradicional, el discurso será otro: estará orientada a un público más adulto y aficionado. En este caso deberemos crear un ambiente confortable, que dé seguridad, que cuide la calidad de los productos que deseen venderse. Aquí es mejor utilizar colores más suaves, distintos tonos de amarillo, ocres, marrón y luces difusas. Es importante utilizar espejos que deben colocarse dentro de los probadores de ropa, fuera para probarse zapatos y detrás de las estanterías que contengan la mercancía para aumentar simbólicamente la cantidad.

Librerías, papelerías y agencias de viaje

Una característica común a estas actividades es la pertenencia al elemento Madera. En estos locales tendremos que trabajar con esta

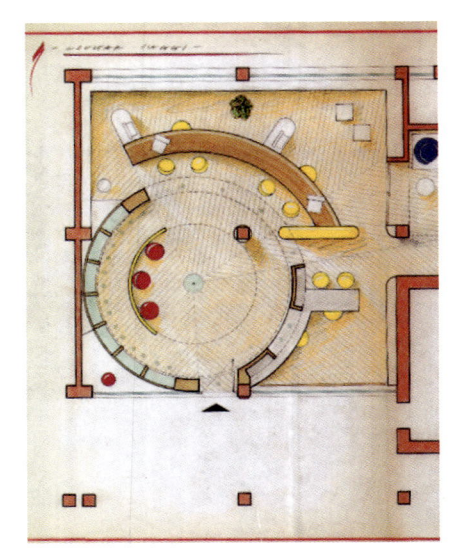

Esquema para una agencia de viajes en Udine. Está prevista la realización de una zona central con espiral concéntrica, constituida por mostradores de exposición de madera, cómodos asientos y silloncitos de terciopelo de color y expositores para las revistas en las paredes. La forma circular de los mostradores permite una cómoda circulación de las personas y hace rápidamente visible y alcanzable todo el material informativo. Arquitecto R. Maci

Agencia de viajes en Udine: la realización del proyecto preescogido. Arquitecto R. Maci

A la izquierda, proyectos para una agencia de viajes en Udine. En estas soluciones se ha buscado dar al local un aspecto muy armonioso que favorezca la permanencia y la consulta por parte de la clientela; las formas circulares, los espacios libres y los colores relajantes, predisponen el ánimo del cliente para entrar en el espíritu de las vacaciones y del viaje que desea realizarse. Arquitecto R. Maci

PROYECTO PARA LA SEDE DE LA REVISTA *RE NUDO*
(Colle Val d'Elsa) – Arquitecto A. M. Marrocco

El proyecto se ha ocupado de analizar los puntos vulnerables del local, resolviéndolo con el reequilibrio de su energía:

1. Para aumentar el Ch'i, acompañarlo desde la calle y que entre a través de la entrada principal, se han situado elementos de reclamo visibles desde el exterior, en este caso dos bojs podados en forma de esfera a ambos lados de la puerta.

2. Para corregir el efecto de lama recta de las paredes, en la entrada ha sido necesario cerrar la sala en relación con la puerta de la estancia principal, con la ayuda de una división curvilínea de madera y papel de arroz. El espacio restante será utilizado como archivo, mientras que delante se posicionará una pequeña mesa de despacho oval para la recepción.

3. Para eliminar los estancamientos de energía en el archivo y el pasillo, se ha intervenido en la iluminación, fuerte, cálida y apoyada por estructuras vítreas en movimiento.

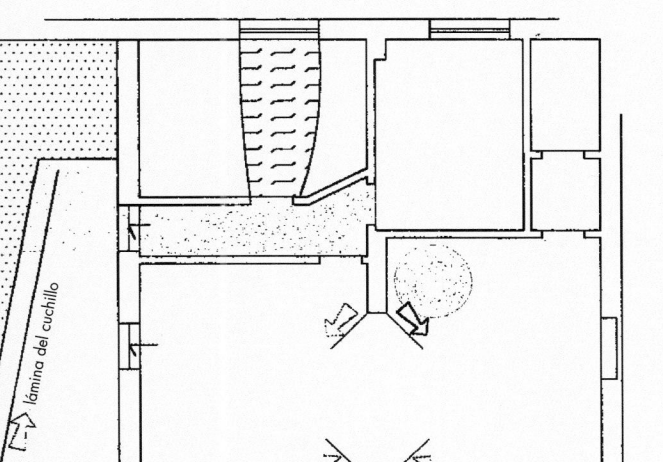

4. Para eliminar las flechas de las aristas se han redondeado los ángulos de las estructuras.

5. Para incrementar el sector de Benefactores y Riqueza, se han situado espejos en las paredes indicadas, que reflejan a toda la persona.

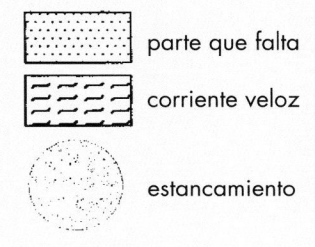

- parte que falta
- corriente veloz
- estancamiento

- L iluminación
- E expositor
- P biombo
- A acuario
- S espejo en la pared
- C esfera de cristal
- $ caja

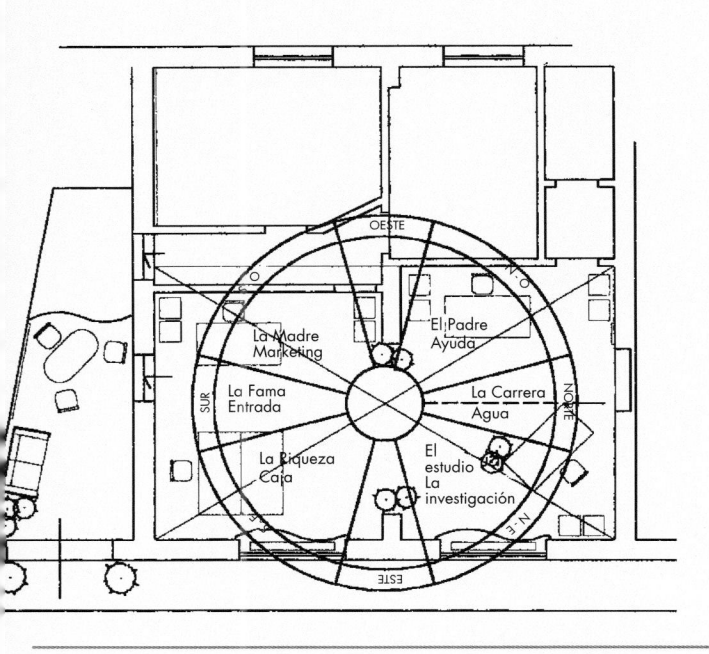

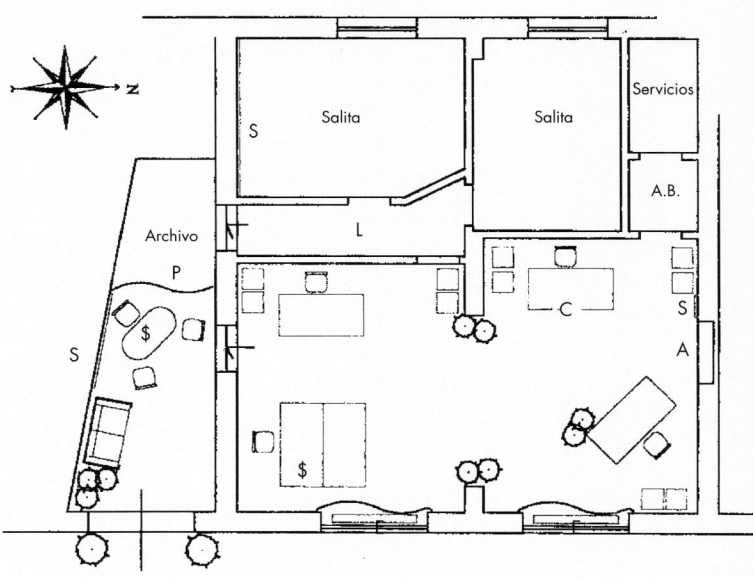

energía de renovación, de crecimiento, de expansión tanto espiritual como material.
De hecho, los productos relacionados con este elemento sirven para renovarse mentalmente y también para transformar el lugar donde vivimos.
Lo que caracteriza a estos ambientes es la necesidad de disponer de un mobiliario muy grande y tener espacio. Por ello deberán escogerse locales amplios, no necesariamente en las zonas de más tráfico y de paso de la ciudad. No obstante, para que se cree una relación de fidelización con nuestros clientes deben ofrecerse mercancías y servicios interesantes y atractivos; el producto que vendemos es el que creará el decorado del establecimiento y lo llenará de color. Debe dejarse que el espacio quede lo más desocupado posible y vaciarlo de lo que no sirve: las librerías y los muebles altos se apoyarán en las paredes principales y los pequeños expositores o muebles bajos se situarán a lo largo de las paredes divisorias. Se intentará no interrumpir el flujo del Ch'i y el de las personas que circulan por la tienda colocando muebles demasiado voluminosos en los recorridos; se evitarán adornos con aristas rectas y amenazantes o, por lo menos, se suavizarán, poniéndoles delante algunas plantas. También deberá cuidarse mucho la iluminación, que no debe ser demasiado viva pero que tendrá que permitir la consulta y el análisis de los objetos que vendemos. El color que mejor se asocia a estas actividades es el verde, que aporta vitalidad, creatividad y crecimiento, y se puede utilizar también en forma de numerosas plantas.

Joyerías, relojerías y ferreterías

El elemento común de estas actividades es la utilización predominante de metal y de minerales que son el elemento básico en la creación de estos objetos. La energía del metal transmite sensación de seguridad,

Esquema para la realización de una joyería. Proyecto de LAB+

El proyecto de esta joyería valora mucho la mercancía expuesta, que con su fuerza y su luz y es de por sí un elemento de reclamo y color. Se ha prestado un gran cuidado a la realización del mobiliario, de madera, cristal y con luces internas muy brillantes, en forma de mostrador de venta, sinuoso y redondeado, y la fuente de iluminación del techo que recuerda la bóveda estelar. Se ha combinado con el color de la madera un elegante azul, que confiere al ambiente elegancia y discreción. Joyería Cevenini. Proyecto de LAB+

de duración en el tiempo, de fuerza y poder y estos lugares también deben transmitir una idea de estabilidad, seguridad y precisión.
Para evitar la típica dureza del elemento se pueden disponer en la tienda objetos de madera, tela o terracota. Es conveniente evitar la utilización de demasiado cristal que hace que esta energía se vuelva más dura, mientras que es preferible instalar algunos espejos para aumentar visiblemente la cantidad de productos expuestos y disponer las mercancías en estanterías rectas, bien iluminadas. Los colores más indicados son el

Esquema para al realización de una tienda de bisutería en Turín. En el interior de un centro comercial, se ha deseado recrear un ambiente oriental, donde la armonía de las formas y los colores contribuyen a valorar las mercancías expuestas a la venta; el falso techo se ha cubierto con paneles de tejido, que dan al ambiente un aspecto más cálido y acogedor. Proyecto de LAB+

En la página siguiente, esquema para la realización de un centro comercial en Pesaro. Proyecto de LAB+

Centro de negocios La Defense de París

oro, el plateado y el blanco. Crearemos espacios más reservados y cerrados para conservar los objetos valiosos y peligrosos, si es posible lejos del alcance de los clientes, en una zona poco accesible, incluso separándola con una puerta o una pared corrediza.

Centros comerciales

Actualmente muy difundidos en todas partes del mundo, los centros comerciales representan plenamente una de las necesidades de la sociedad moderna: una gran oferta de productos y servicios, horarios muy flexibles, precios competitivos, en detrimento de servicios más personalizados, relaciones más confidenciales y productos artesanales típicos de las tiendas pequeñas.
Algunos centros comerciales o grandes almacenes parecen saber muy bien cómo conciliar la armonía de los espacios y estimular la compra, mientras que otros no logran hacer que funcionen sus tiendas y estas cierren regularmente su actividad al cabo de algunos meses. Una de las características fundamentales que debe valorarse es la posición en la que se desee construir o relevar la actividad comercial; con los mismos costes y dimensiones, existen lugares que atraen a muchos clientes y otros que son prácticamente ignorados.
En la ciudad, el centro comercial debería instalarse en un lugar fácilmente visible, ser una isla donde pasearse cómodamente, disponiendo incluso de una zona verde, recreativa, con un bar, que invite a sentarse un rato para charlar y encontrarse con los amigos. Fuera de la ciudad el centro comercial puede ser un polo de atracción con un gran aparcamiento y una gran variedad de tiendas y servicios, donde poder pasar algunas horas y satisfacer las necesidades de muchas personas distintas. Cada vez más a menudo, estos centros incluyen también servicios de guardería, restaurantes y cines. Con frecuencia nos damos cuenta de que pasar algunas horas en estos lugares puede ser muy

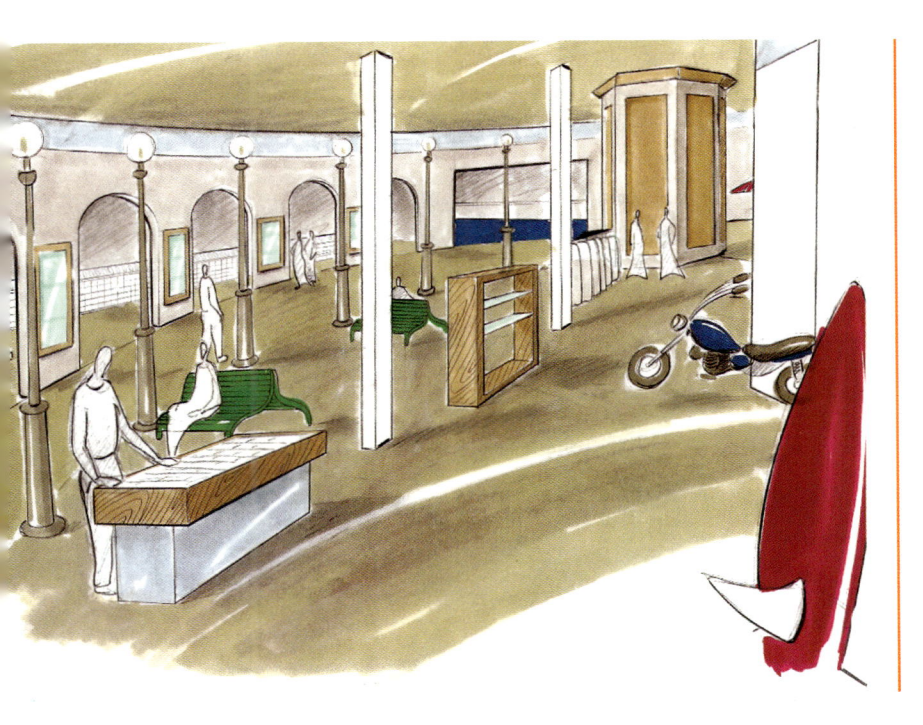

cansado y alienante: el ruido, la cantidad de personas, la confusión, la desarmonía de las formas o la iluminación pueden crearnos aturdimiento y nerviosismo. Para evitar que se creen efectos opuestos a los deseados, se favorecerán las condiciones de equilibrio necesarias para atraer a una gran cantidad de gente y aumentar al máximo las ventas. En la elección del proyecto de un centro comercial se intentará no olvidar ningún principio básico del Feng Shui, que favorezca la correcta y armoniosa circulación de la energía y aumente los resultados económicos y la satisfacción de los clientes.
La mejor forma para la planta de un centro comercial es la regular, redondeada u oval con cúpulas, vueltas y arcadas: las tiendas

pueden disponerse a lo largo de su perímetro, de modo que todas sean fácilmente visibles, sin desniveles en el suelo ni obstáculos en la circulación.
En el centro se puede colocar una fuente con agua en movimiento, o bien un rincón para descansar con sofás y plantas.
Si es posible se ubicará una gran apertura redonda en el techo, que ayude a la energía ascendente del cielo a expandirse. Lo que sucede a menudo en estos lugares es que las formas rectilíneas y rotas, los salientes, ángulos y aristas interrumpen el flujo continuo del Ch'i y de las personas, creando confusión en el recorrido y distorsionando la atención de uno o más sectores. Los colores deben escogerse según las actividades desarrolladas por cada tienda, por lo que tanto la estructura del edificio como las partes comunes deberían ser lo más simples posibles, equilibradas y armoniosas: por ello se escogerán colores muy claros y luminosos, con una buena iluminación, cálida pero que no canse, evitando las luces de neón. Los materiales más adecuados para su utilización son el cristal, que aligera la estructura y deja pasar la luz natural, el cemento blanco y de colores y la madera. Es muy agradable oír música de fondo que debe ser relajante, alegre y no molesta: la atención de las personas se concentra en las compras y es conveniente no perturbarla o ponerla nerviosa. También es muy positivo el rumor que produce una fuente que, según las dimensiones, ayuda a equilibrar la cantidad de electricidad presente en el aire, produciendo iones negativos. La colocación de escalones y escaleras móviles no debería cortar ni dividir el espacio central, para no romper la armonía del ambiente y penalizar algunos sectores. Es conveniente que estas estén situadas en las partes laterales de cada planta, evitando las estructuras metálicas y privilegiando las escaleras de madera o cemento de color y con aristas redondeadas.

Restaurantes y bares

Este tipo de actividad debe permitir a los clientes alimentarse, relajarse y pasar un rato en buena compañía. A menudo en los restaurantes se realizan también comidas y reuniones de trabajo, pero estaría bien separar estas dos actividades ya que comer y trabajar no son dos actividades que deban mezclarse. Puede ser preferible comer después de cerrar un trato, para distender las relaciones entre las personas que han llevado a cabo las negociaciones, o para compartir un momento de satisfacción después de un buen resultado.
En realidad para el Feng Shui la actividad de comer debería ser exclusiva, por lo tanto ni trabajo ni siquiera televisión, música o una llamada de teléfono durante la comida; la única excepción puede ser una agradable conversación con los amigos y las personas queridas. En Oriente se da mucha importancia a la comida y a su valor sagrado; la cocina oriental nos demuestra cómo se respetan el equilibrio de alimentos Yin y Yang, a diferencia de nuestra cocina, que es muy rica en grasas animales, factor típico de una sociedad occidental con valores basados en la agresividad. Por lo tanto es importante que en un restaurante, como entre las paredes de casa, se cree un verdadero remanso de paz donde se pueda alimentar el cuerpo y la mente al mismo tiempo. El problema más frecuente de un restaurante es poder conciliar la gran cantidad de personas a las que se querría recibir y garantizar a todos un oasis de tranquilidad y bienestar. Los locales más pequeños y atiborrados de gente son adecuados para una clientela con prisa, para realizar una pausa y

En este ambiente tiene una absoluta prioridad el color oscuro de la madera wengué, que confiere al ambiente, junto a la luz filtrada de las cortinas, un aire sensual y refinado. Restaurante del hotel Mosaico. Arquitecto R. Giocoli. Muebles Nova Ti. Fotografía de Christian Benini

A la derecha, arriba, este local de dimensiones muy reducidas ha sabido combinar al máximo sus potencialidades: las mesas son pequeñas y están muy cerca, lo que crea un ambiente de calor inmediato; los amplios espejos amplían el espacio y crean agradables juegos de colores, el estilo provenzal, con la utilización de mucha madera y tejidos artesanales, alegra el ambiente e invita al consumo de comida y bebida. Bar El Marsalino de Bolonia. Proyecto de LAB+

comer después del trabajo, para jóvenes o turistas, pero debemos intentar garantizar la comodidad incluso en esta situación. Para evitar que el local sea demasiado caótico y los alimentos se queden en el estómago, intentaremos que el decorado sea agradable y luminoso, utilizaremos colores claros y limpios, en tonos pastel, amarillos albaricoques, rosados claros, con pocos muebles cómodos y suaves; se prohibirá fumar y se pondrán algunas plantas en los rincones.

Si disponemos de más espacio y una clientela que busca buenos alimentos y bienestar, se iniciará la elección del lugar donde situar el local. Se puede optar por zonas centrales y de mucho paso si deseamos crear uno nuevo, a la moda, que atraiga a nueva clientela, o bien situarlo en calles laterales si deseamos crear un lugar más tranquilo o reservado. Con todo, debe prestarse una gran atención al aspecto exterior del local, al escaparate si existe y a la puerta de entrada; en este caso se puede afirmar propiamente que la primera impresión ya habrá hecho más de la mitad del trabajo, sobre todo en las grandes ciudades, donde existe mucha competencia y son frecuentes los clientes esporádicos. Cuidado también con el letrero del local que debe atraer la curiosidad y el interés de los transeúntes; debe estar iluminado o diseñado con colores vivos y brillantes. Nunca se equivocará si utiliza el rojo, que trae buena suerte, el oro, que aporta prosperidad, y el verde, que comunica vialidad y energía. Es una buena elección utilizar cristales de colores para los escaparates, lámparas externas de seda o cristal que se muevan con el aire.

En el interior de los locales debería permitirse que el Ch'i circulara fluidamente, sin obstáculos y sin confusión entre las salas. Por ello debe pensarse en una entrada o un recibidor donde se acoja a la clientela, bien iluminado, con un guardarropía para los abrigos, paraguas o sombreros.

La caja debe estar cerca de la puerta de entrada, pero en posición un poco retraída de esta, para controlar al que entra y sale. Las cocinas deberían estar en la zona más externa del local, de modo que disfruten de luz natural y puedan renovar al máximo el aire, y que así no inunden todas las alas con los aromas de las distintas cocciones.

Los baños deberán estar en la zona más apartada del restaurante y particularmente cuidados en cuanto a higiene se refiere; una impresión desfavorable en estos ambientes repercutirá en la imagen de todo el local.

Según el espacio disponible se intentará hacer de manera que cada mesa tenga su propia privacidad, por ejemplo utilizado biombos, paneles corredizos o separadores, que también pueden ser muy ligeros, semitransparentes. Al menos una silla en cada mesa estará de espaldas a la pared, o tendrá una pared al lado. Se intentará cuidar la iluminación creando pequeños puntos de luz en cada mesa, con lámparas de colores, cristal o papel, o velas cerca de un elemento floral si puede ser fresco. Se cuidará la elección y la combinación de colores, que pueden ser solares y cálidos, como el amarillo, el anaranjado o el rojo, para la comida y para alegrar en ocasiones a los comensales, y más sobrios y relajantes, en tonos azules, violetas o púrpura, para cenas serias o más íntimas. Se evitarán los platos de colores extraños que alteran la naturalidad de los alimentos y trastornan la digestión, y se hará de modo que los vasos y los cubiertos estén siempre brillantes y sin cercos. Si el local es muy oscuro y si falta energía se pueden poner espejos; con todo, se dará prioridad a una iluminación cálida y acogedora pero sobria, que pueda convertirse en difusa en las horas más íntimas. Los tejidos y las cortinas deberían ser de fibras naturales y fácilmente lavables, ya que se impregnarán del olor y los vapores de los alimentos. Se puede poner música de fondo, haciendo una elección entre los géneros musicales más relajantes, y colocar en la zona norte del local una fuente o un acuario con peces, que facilitarán la relajación y aumentarán el flujo de dinero.

Bancos

En los últimos cincuenta años en Oriente y en Occidente se ha desencadenado una verdadera carrera en la realización de bancos de prestigio y con buena apariencia. Los bancos de Hong Kong, de Singapur o de Nueva York se han convertido ya en leyenda por la cantidad de expertos en Feng Shui que han sido contratados para obtener los resultados más espectaculares, para adelantarse a la competencia y eventualmente eliminarla. Se

Para que el ambiente de este restaurante fuera íntimo y de aspecto oriental, se utilizaron paneles de tejidos naranja, que irradian la luz delicada y cálidamente, y lámparas de cristal satinado sobre mesas que permiten valorar los alimentos. Restaurante del hotel Mosaico. Arquitecto R. Giocoli. Mobiliario nova Ti. Fotografía de Christian Benini

cierra el contacto con el exterior, adiós al flujo de energía vital… y también ¡adiós a los negocios! Una actitud de agresividad no tiene nada que ver ni con el Feng Shui ni con la evolución de las relaciones humanas. Intentaremos determinar en cambio cuáles son los elementos característicos de un banco y los aspectos que se pueden favorecer para aumentar el negocio.

Los elementos fundamentales que mueven la energía del banco son el Metal y el Agua, ambos asociados al dinero.

El elemento metal se asocia al apoyo de personas poderosas y caritativas, a la fuerza del cielo, y es una energía densa y poderosa. Si deseamos potenciar estos aspectos, se pueden utilizar elementos en tonos metálicos como el oro y el plateado, por ejemplo, y adornos, estatuas y esculturas metálicas. El color asociado al Metal es el blanco, que en los bancos occidentales es más habitual, mientras que en los orientales se prefiere el negro, asociado al Agua y por lo tanto al dinero.

Las construcciones más favorables a este tipo de energía tienen cúpulas, vueltas o arcadas que favorecen los flujos de dinero. Los símbolos y objetos que se refieren al elemento Agua se utilizan mucho en China y en Oriente, ya que el Agua se asocia a la riqueza, a la prosperidad y a la comunicación. Para potenciar la zona Norte de un banco se puede poner una fuente o un acuario con peces, aunque se comprobará que el agua esté siempre en movimiento o se cambiará a menudo. Es importante estudiar bien la colocación de los baños, que deberían estar en una zona apartada del banco, ya que la energía del agua podría escurrirse con las descargas. Intentaremos equilibrar las dos emociones que distinguen este tipo de edificio: por una parte la expresión de poder, de fuerza y de prosperidad; por otra parte, la voluntad de

habla de construcciones de más plantas, con paredes y techos de cristal, con espejos que repelen el Sha de los edificios circundantes, de luchas por ser más alto respecto a los demás, de recepciones negras, metálicas, que deberían aumentar la afluencia de dinero y dar la impresión de gran poder. En realidad los verdaderos maestros de Feng Shui tienen extraordinarias dotes de equilibrio y sabiduría y, justamente, por respeto a los valores de riqueza y prosperidad, se preocupan mucho en equilibrar el desasosiego de las grandes ganancias con el bienestar de las personas, sean clientes o competidores.

Con la perspectiva final de la armonía entre el Yin y el Yang, es importante que el edificio se integre con el exterior, que haya un intercambio de energía entre las personas que trabajan y las que disfrutan del servicio, ya que si se

recibir a la clientela y de efectuar intercambios de energía-dinero. Si estas emociones se equilibran, habremos obtenido un equilibrio que favorecerá los negocios y aportará bienestar y armonía a los que trabajan en este y a la clientela.

Las escuelas

Proyectar una escuela es ante todo proyectar un espacio de vida y futuro que puede nacer sólo del esfuerzo común de la arquitectura, la pedagogía y la sociología, disciplinas y conocimientos llamados a confrontar sus lenguajes. De su diálogo, de su confrontación, de sus dudas, se puede abrir una investigación de los espacios más adecuados para la libre expresión de los niños. Como el conocimiento de los niños parte de acercamientos sensoriales, es importante ayudarles a desarrollar capacidades según la edad y las exigencias físicas y psicológicas específicas del momento en que se viven.

Si tenemos que proyectar un parvulario deberá privilegiarse la utilización de materiales con diferentes texturas superficiales (lisas, rugosas, llenas, vacías, etc.) ya que los niños estarán predominantemente en contacto con el suelo y tendrán una experiencia muy táctil del ambiente. Además será muy grande su interacción con los colores: además de los primarios se pueden proponer colores pastel, en tonos relajantes (azules, verdes, violetas, rosas) o estimulantes (amarillos, anaranjados, albaricoques) según las distintas actividades de los locales. Recordaremos también la importancia en Occidente del estudio de Rudolf Steiner sobre los colores, con aspectos que pueden aplicarse para pintar el interior de las escuelas.

El objetivo es construir un paisaje rico desde el punto de vista sensorial, que estimule los procesos de formación de la actividad perceptiva del niño en sus primeros años de desarrollo. Para la escuela primaria, que es un momento de descubrimiento del resto del mundo y de la propia historia, además de sus materiales y colores se puede trabajar con las formas. Desarrollar las formas en

Esquema para el interior y el exterior de un banco en Lugano. Para que la severa fachada fuera menos anónima y severa, se ha previsto la realización de amplios ventanales de cristal verde y la utilización de formas suaves y curvilíneas. Una correcta iluminación externa y la colocación de algunos árboles junto al edificio favorecen la entrada de la energía del Ch´i y con ello la de los clientes. Arquitecto R. Maci

este sentido puede llevar también a jugar con estas, sin los miedos y condicionamientos que a menudo gravan a los adultos. Incluso las formas normalmente amenazadoras pueden ser fuente de estímulo y de investigación para un niño y los colores fuertes pueden servir para conocer y apartar los miedos. Por lo tanto podemos hacer que experimenten sus distintas posibilidades, después de crear un ambiente básico, cálido y seguro. Para las escuelas medias y secundarias deberemos adoptar otra actitud. En este punto será necesaria mucha experiencia, ya que se habrán creado muchas inhibiciones y condicionamientos sociales en los niños y por tanto necesitarán un lugar estimulante, pero que al mismo tiempo les aporte apoyo psicológico. Una gran parte de este trabajo deberá ser realizado por los educadores, pero su trabajo deberá asociarse a proyectistas de los espacios que se ocupan incluso del ambiente, lo que creará una energía interesante. Demasiado a menudo los ambientes escolásticos se asocian a momentos de tensión y de miedo al abandono; es importante en cambio estimular el deseo de frecuentarlos también o creando ambientes agradables y armoniosos.

Las formas más adecuadas para las escuelas según el Feng Shui son las externamente regulares, cuadradas, que tengan relación con la energía de la Tierra, estable y acogedora como una madre. El interior puede ser más fantasioso, con recorridos sinuosos, formas incluso irregulares asociadas a la energía Agua, y suaves y redondeadas, con tejidos y materiales naturales, ligeros, fácilmente lavables, no tóxicos. Los materiales más adecuados para decorados y suelos son la madera (abedul, cerezo, haya, abeto) natural o barnizada al agua o lacada con esmaltes no tóxicos, goma, linóleo, cristal, esparto, resinas naturales; en menor medida se puede utilizar el metal y el cemento. La gama cromática debe ser variada y debe estar proyectada para crear un ambiente solar, agradable, amable y sinfónico. Se parte del supuesto que el ambiente de una escuela tiene que ser ligero para dejar espacio a los verdaderos autores: los niños y su trabajo. Por lo tanto es conveniente utilizar colores secundarios o terciarios y los primarios con baja saturación, y alcanzar una gama cromática amplia y compleja como la compleja identidad del niño. Los materiales y los barnices deben ser fáciles de conservar; los barnices al agua para madera, por ejemplo, aunque dejen a la vista las venas de la madera y sean atóxicos, puede limpiarse incluso con fuerza sin estropearse. Es muy importante la iluminación: debe darse preferencia absoluta a la iluminación natural, creando amplias ventanas con vistas a jardines o espacios abiertos, de modo que se pueda observar el cambio de las estaciones y los fenómenos atmosféricos que se le asocian. Para la iluminación artificial, deben preferirse muchos puntos de luz independientes con lámparas incandescentes de colores cálidos y naturales. Para el resto, se dará amplia libertad a los niños para que ideen sus espacios, los transformen según su inventiva y necesidades psicológicas, sosteniendo su creatividad también con principios de respeto y orden para las cosas, y ayudándoles a desarrollar una actitud de rechazo ante el despilfarro.

Los lugares de ocio

Incluso en este mundo también nos encontramos con espacios que acogen a mucha gente, pero cuyo principal interés es el ocio, el desarrollo de una actividad divertida o recreativa, el encuentro con otras personas. A menudo la natural investigación de espacios de expresión y de distracción hace que estos lugares se vuelvan desagradables, pero se puede hacer mucho para mejorarlos y para invitar a las personas a frecuentarlos más a menudo. Aunque existen diferencias de modalidad entre un gimnasio y una biblioteca, la finalidad común es, no obstante, manifestar una necesidad de profundización en el cuidado de uno mismo, desde el punto de vista físico e intelectual. Para poder obtener un espacio de bienestar debemos hacer que las personas tengan facilidad para acceder a los servicios que se ofrecen. Por lo tanto crearemos una entrada muy visible y atractiva, se establecerán horarios amplios, sobre todo en la franja posterior al trabajo, y se prestará atención a la utilización de los espacios. Ya se trate de adultos o de niños, es necesario favorecer el encuentro de las personas, evitando la acumulación en determinados momentos; esto se puede lograr facilitando la entrada con precios u oportunidades diferenciadas según la franja horaria y la edad de los usuarios. Cuando se hayan resuelto los

PROYECTO PARA A LA REALIZACIÓN DE LA ASOCIACIÓN NATARAJ DE FLORENCIA
Arquitecto A. M. Marrocco

Para la realización de este centro, que se ocupa de actividades relacionadas con el bienestar psicofísico de la persona, se realizaron unas reformas que buscaban ampliar la entrada y la circulación del Ch'i, eliminar el estancamiento de energía y las flechas de las aristas, recrear la zona que faltaba en el noreste y corregir la fuga de energía de los baños situados al este.
Por todo ello, la entrada en la recepción se iluminó bien, y se situaron plantas próximas a las puertas de cristal y mobiliario cómodo para la espera. Para dar energía al espacio de actividad principal se utilizó un sistema de iluminación de sofito con binarios y bombillas halógenas.
El centro de la sala principal quedó despejado y la fuente en espiral produjo una revitalización gracias al movimiento del agua en cascadas. El otro rincón que necesitaba ser revitalizado era el interior del acceso que se resentía del Sha procedente de los baños, y se corrigió en parte poniendo una esfera de cristal encima de las puertas. Las aristas se suavizaron redondeando los ángulos con plantillas de cartón piedra. Al ampliar las curvas se ha creado un recorrido sinuoso donde el Ch'i puede moverse fluidamente y alimentar todo el local. El color de las paredes es suave y cálido como las dunas del desierto. El efecto tienda en el desierto lo sugieren los movimientos ondulatorios del color cuando se acerca al sofito, donde la colocación de escaparates de colores recuerda el efecto del cielo nocturno. Para recrear el sector que falta al noreste se han situado espejos en las paredes de los vestuarios y los baños.

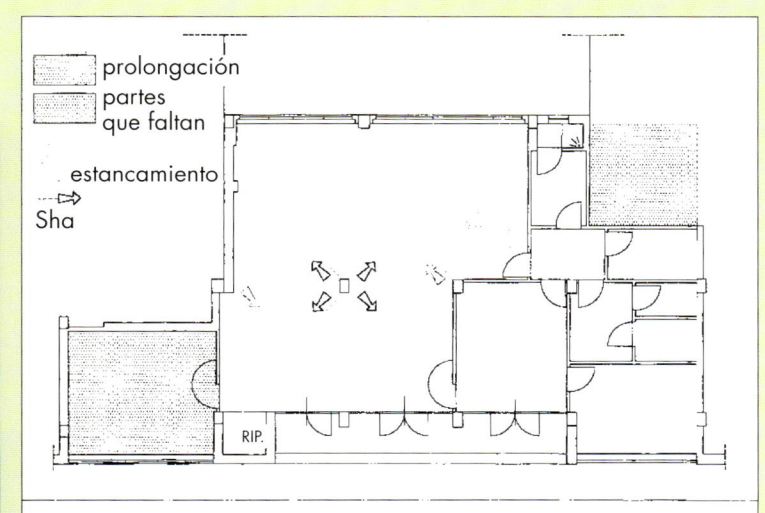

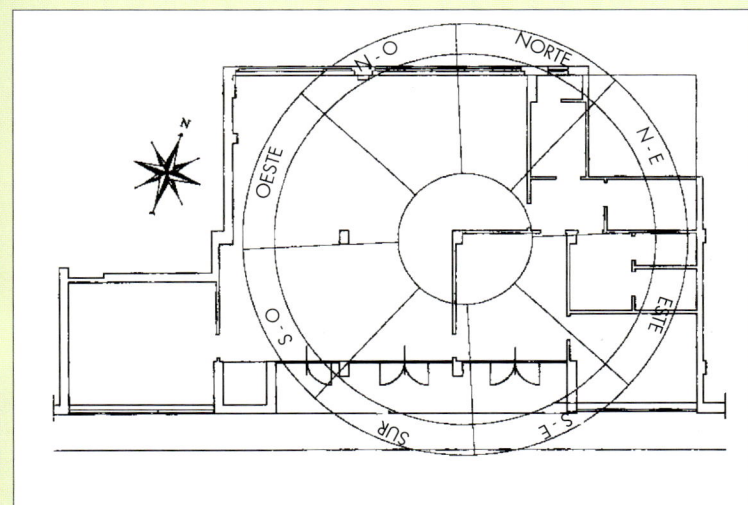

prolongación
partes que faltan
estancamiento
Sha

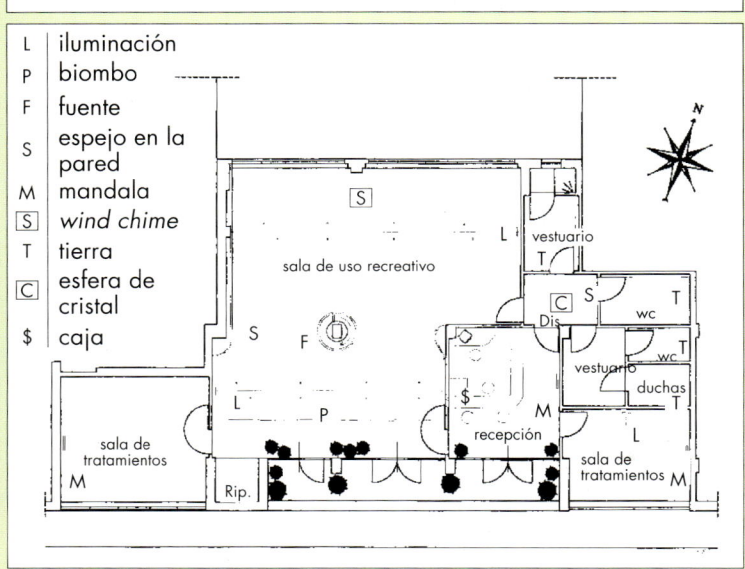

L iluminación
P biombo
F fuente
S espejo en la pared
M mandala
S *wind chime*
T tierra
C esfera de cristal
$ caja

vestuario
sala de uso recreativo
wc
vestuario
duchas
sala de tratamientos
recepción
sala de tratamientos

115

principales problemas relacionados con la seguridad, podemos dedicarnos a proyectar verdadera y propiamente los espacios. Debemos intentar que cada persona pueda disfrutar de un espacio para sí sin tener que luchar con los demás para obtenerlo; es un error acoger indiscriminadamente a todo el mundo para obtener mayores ganancias, la verdadera calidad es poder ofrecer un momento de ocio a cada persona.

Por ello se creará un espacio común donde desarrollar la actividad de grupo o la consulta de materiales, que sea amplio, con pavimentos que no hagan ruido, lisos, sin desniveles, con numerosas y amplias aperturas al exterior que faciliten la renovación del aire para disfrutar al máximo de la luz natural.

En el sitio donde se desarrollen actividades deportivas se pueden utilizar también colores fuertes, estimulantes, mientras que en las actividades de tipo intelectual es conveniente favorecer la concentración y la relajación.

Se favorecerán también en estos espacios formas suaves y aristas ligeras, sin durezas, fácilmente lavables, evitando tejidos sintéticos que tiendan a cargarse electrostáticamente y prefiriendo los de fibras naturales. No obstante, se aconseja que se creen espacios de descanso también para las actividades más dinámicas, rincones con sofás o sillones, con una iluminación y colores más relajantes, donde poder hojear revistas o charlar y poder hacer un tentempié o tomar un refresco.

La presencia de plantas y de esencias perfumadas en el ambiente pueden contribuir a filtrar el aire, a menudo impuro, y a equilibrar las energías que se dispersan durante estas actividades. Por otra parte cuidaremos también los vestidores y los baños, que por la presencia de tantas personas deben mantenerse muy limpios e higiénicos.

PROYECTO PARA UN CENTRO MULTIMEDIA EN EL LIDO DI CASALECCHIO DE RENO (BO)
A cargo de las arquitectas Laura Biagi, Ilaria Cornia, Francesaca Cerioli

Existe una relación muy estrecha entre el lugar de destino de un proyecto y el modo en que se origina o desarrolla este mismo proyecto: las características de un lugar constituyen al mismo tiempo una fuente de inspiración y un límite, una quintaesencia partícipe del tiempo y de la vida del que vive en esta.

La idea que nos acercaba era la de no imponer nuestra voz a la del lugar, sino escuchar su fascinante relato narrado con maestría por una multitud de protagonistas que parecía que desde hacía siglos esperaban la obra de un inspirado director. Las ideas que encuentran siguen el genio del lugar, que nos habló de los elementos, de direcciones, de energías, hasta reclamar en nuestras mentes la disciplina del Feng Shui. El Feng Shui nos aporta el testimonio de la voluntad de buscar la armonía con el lugar que nos hospeda, nos da la posibilidad de leer el paisaje en términos de energías positivas y negativas (Yin y Yang, opuestos complementarios como las orillas de un río que se enfrentan), las consideraciones sobre la elección correcta del lugar para edificar: «ningún lugar será mejor que el que mira una cascada». En fin todo parece hablarnos de las cualidades que posee el lugar que hemos escogido. Nos sentimos impulsadas por la teoría de los cinco elementos y del Ch'i que se mueve respetando el movimiento de las aguas y los vientos y que impregna cada cosa dándole vida. En cada edificio, en cada lugar está presente una particular y única corriente de energía Ch'i: se puede considerar la atmósfera especial de ese lugar.

El tema de la espiral energética se vuelve central en nuestra investigación; desde un punto de vista iconográfico, de hecho, expresa perfectamente la esencia del Ch'i, una energía cósmica que puede animar cada cosa. La espiral se vuelve también símbolo del eterno retorno, de la asociación entre lo finito y lo infinito, entre el cielo y la tierra; representa una síntesis totalizadora pero no conclusiva, en evolución.

Decidimos utilizar como señales proyectuales dos ideogramas chinos: en esta forma, símbolo y significado constituyen una única entidad. El primero, que significa «centro», es testigo de la elección de situar el edificio principal en el centro del río y representa en la práctica la verdadera asociación entre las dos orillas. El segundo, en cambio, que significa «andar», constituirá las líneas esenciales de un recorrido subterráneo de acceso al edificio central. Así toma cuerpo el proyecto definitivo, que se desarrolla como un recorrido que nace sobre la orilla más urbanizada (el barrio Lido) y a través de un puente, que utiliza el vertedero como punto de apoyo y como bisagra de rotación se desarrolla hasta encontrar el camino de la Cerrada, etapa final de un viaje que tiene como meta la toma de conciencia de la propia identidad.

El portal tiene un valor simbólico de tipo iniciático en la cultura zen y representa una apertura al infinito: nos pareció por lo tanto que podía constituir la señal más eficaz para subrayar el inicio del recorrido. Esta sucesión de siete puertas conduce a dos megalitos cúbicos en cuyo centro se encuentra una brújula geomántica caracterizada por un fuerte valor simbólico: no indica sólo la dirección a seguir, sino que suministra también valiosas informaciones sobre la naturaleza y el magnetismo de los lugares y el momento más oportuno par realizar algunas obras. Cuando indica al visitante la dirección norte, la brújula sugiere también el recorrido del proyecto: de hecho el trato principal del puente y el recorrido subterráneo se orientan según el eje norte-sur.

Entre el suelo y el cielo esté el soplo vital (Ch'i): según la filosofía taoísta esta energía depende de la relación cíclica e interactiva de cinco elementos capaces de producir recíprocamente y destruirse. Así es como nace el centro del proyecto; un edificio situado entre el suelo y el cielo, pensado como confín discreto de un arduo recorrido reflexivo y cognitivo a través de la experiencia de los cinco elementos. Para aprender de nuevo a vivir entre la tierra y el cielo, el hombre debe comprender estos elementos y su interacción, a través de una largo recorrido cognoscitivo, durante el que su imagen es proyectada en el agua, que lenta pero inexorablemente transcurre sobre la Chiusa. La imagen del hombre, antes negada, confusa, distorsionada y engañada, se vuelve ahora evidente, inevitable; el visitante se vuelve parte del ambiente que está redescubriendo: encontrando el sentido o el ambiente en el que vive, se encuentra a sí mismo. Si sube recorriendo una mapa en forma de espiral, símbolo de la energía vital, y se acerca a los distintos pisos rotatorios en los que cada uno alberga un elemento distinto. La última planta del edificio alberga un jardín típicamente meditativo que invita a la reflexión sobre el camino recorrido en la experiencia del soplo vital. Al término del largo y peligroso camino, el Nuevo Hombre se encuentra a sí mismo, sus propios orígenes y sus propias raíces. La nave puede finalmente quedar anclada fuertemente en el viejo puerto de llegada, pero con las velas siempre desplegadas para recoger en sí el soplo vital.

Vista general, perspectiva lateral y vista desde arriba

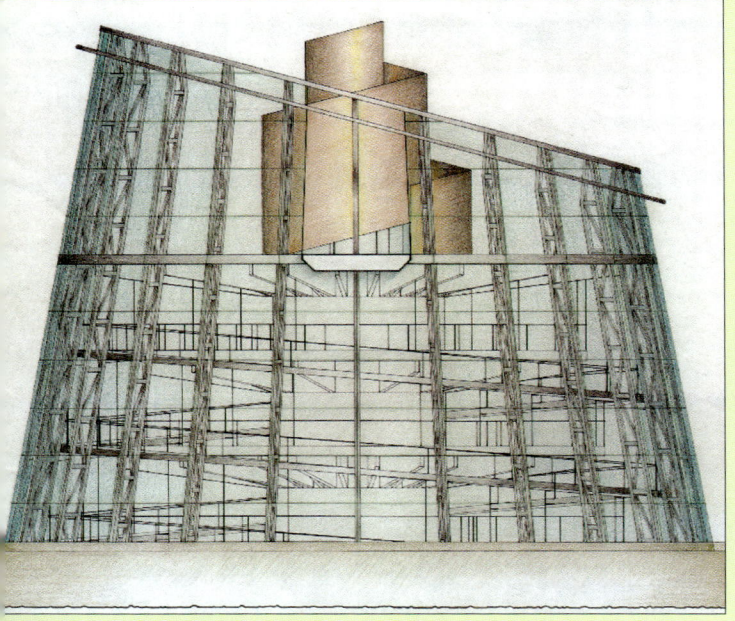

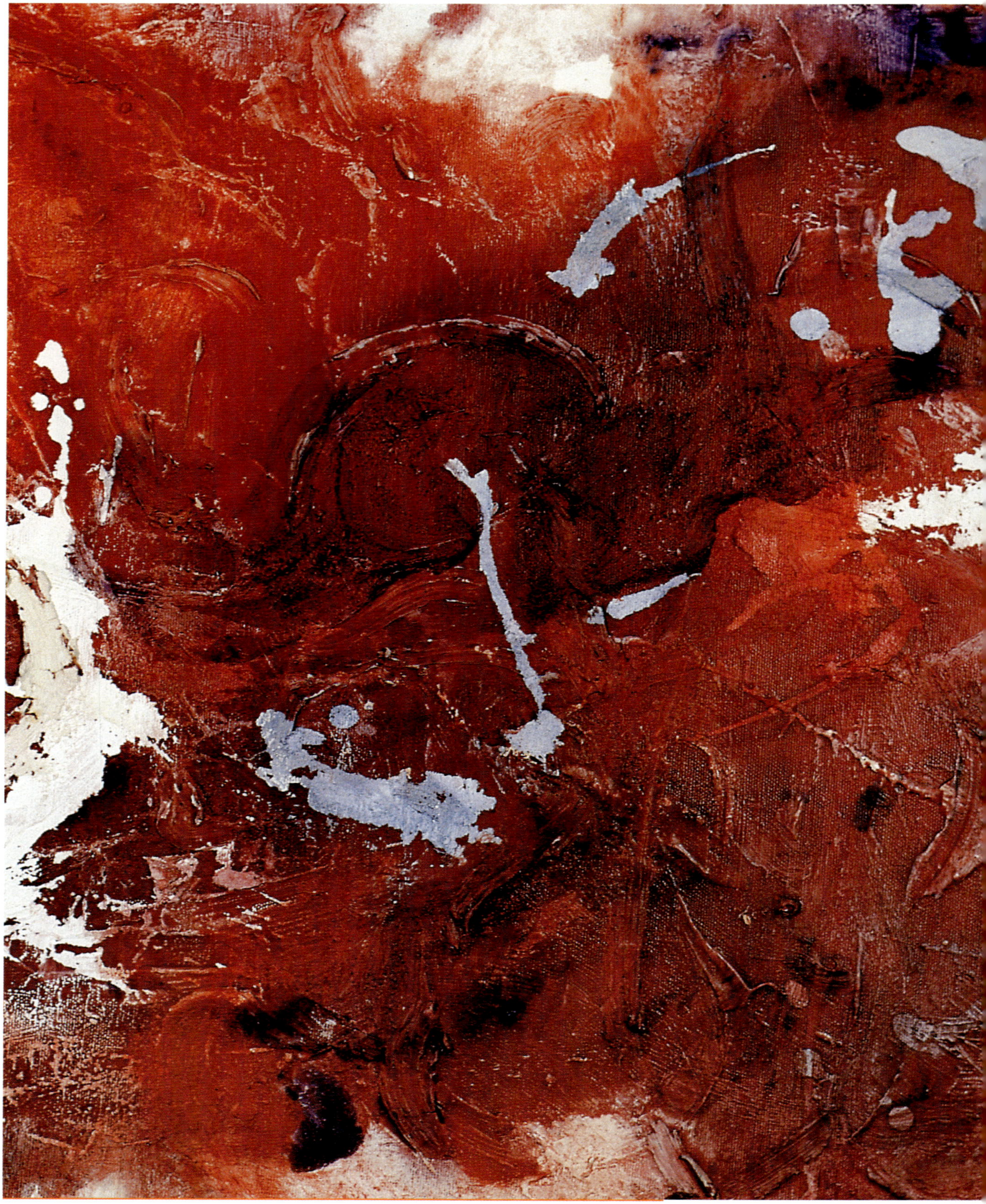

El Feng Shui en los viajes

El Feng Shui es la expresión de la armonía de los elementos naturales respecto a nosotros y a nuestro ambiente; podemos aplicarlo a todos los momentos de nuestra vida, no sólo al día a día doméstico, sino a lugares lejanos y cuando deseemos recrear un espacio personal con el bienestar y la satisfacción de nuestros deseos. Se pueden aprovechar las oportunidades que nos ofrecen los nuevos lugares naturales, nuevas ciudades, nuevas culturas y nuevas personas. El viaje nos enriquece emocional y culturalmente, puede ser fuente de crecimiento y de mayor comprensión del entorno. Por lo tanto, se hablará de cómo moverse en los mejores medios de transporte, de cómo disfrutar los momentos de estancia y cómo

Imagen de México. Fotografía de Paolo Bruttini

viajar con desenvoltura e inteligencia.

Los medios de transporte

Los medios de transporte tienen un equilibrio psicológico y simbólico que se expresa a través de nuestra elección y que revela algo de nosotros y de nuestra relación con los elementos que nos rodean. En estas páginas veremos cómo cada uno de nosotros puede mejorar la permanencia en estos y disfrutar al máximo de lo que se nos ofrece.

El tren

Sería bonito poder pensar en un tren lujoso y confortable como el Orient Express, o los aventureros trenes cinematográficos que recorren miles de kilómetros transportando a viajeros de una parte a otra del mundo, en los que la propia permanencia en el tren se convierte en la esencia del viaje. Cada día tenemos a nuestra disposición trenes lujosos y confortables, que en cada caso garantizan la comodidad y los buenos servicios, aunque normalmente tenemos que utilizar medios de transporte fríos y anónimos. Estos medios de locomoción representan sobre todo una exigencia de desplazamiento rápido, económico y seguro, tanto por motivos laborales como para nuestras vacaciones.
Quizá sea uno de los medios más seguros, puesto que delega la conducción a terceros, la velocidad está limitada y mantiene una relación física con la Tierra a través de sus ruedas. Nos da la posibilidad de llenar nuestro tiempo leyendo, trabajando, comiendo, conversando o durmiendo. No requiere por lo tanto mucha atención y vigilancia por nuestra parte, incluso se pueden dejar volar nuestros pensamientos, mirando por la ventana y observando de vez en cuando el paisaje que se presenta. Si lo utilizamos por elección y no por necesidad, revelamos una naturaleza tranquila, que no desea emociones fuertes, que sabe gozar de las pequeñas cosas y de las pausas, sin prisas. Por algo es el lugar donde intelectuales y literatos desarrollan a menudo una parte de su trabajo, gracias a la disponibilidad de tiempo, la posibilidad de observar el paisaje a una distancia próxima y la repetitiva incidencia en las vías que crea un fondo similar al del balanceo de la cuna.
También es uno de los medios de locomoción preferidos por las familias, ya que permite que esta se mantenga unida, que sus miembros puedan levantarse y moverse por el interior del tren, tomar un refrigerio y pasar horas agradables conversando. Para el que debe hacer viajes frecuentes o un viaje largo, el problema puede ser la carencia de personalización y la monotonía de los espacios y, a veces, la escasa higiene.
Cuando debamos pasar las horas nocturnas en este lugar probablemente lo que nos faltará más será el aire fresco, una cama cómoda y espaciosa y la privacidad. En lugar de irritarnos pensando en lo que nos falta, recurriremos a algunos pequeños trucos para sentirnos un poco más a gusto.
Se escogerá el vagón o el coche cama más distante de la máquina locomotora, de modo que no nos perturben los ruidos más molestos y no nos sobresaltemos con las eventuales frenadas. Se intentará estar en un vagón cercano a los servicios y no demasiado lejano del bar o del restaurante, aunque no inmediatamente adyacente, ya que en esta zona habrá muchas idas y venidas de personas con sus consiguientes incomodidades. Si se puede escoger la cama, se escogerá la que tenga la posición más alta, que es menos

claustrofóbica, y si es posible, en dirección a la marcha del tren, con la cabeza orientada al interior más que al exterior. Normalmente el servicio dispone de sábanas de algodón o de papel, pero eso puede significar no viajar en condiciones higiénicas muy ejemplares y por ello es bastante conveniente llevarse siempre un saco sábana o un saco de dormir que puede utilizarse incluso en sustitución de las colchas o mantas, que no siempre están inmaculadas. También es conveniente llevar una pequeña almohada, porque el polvo, los ácaros y los microorganismos tienden a infiltrarse en las almohadas incluso aunque se cambien las fundas. Para favorecer el sueño se pueden poner algunas gotas de lavanda sobre la almohada y efectuar algunos ejercicios de relajación o meditación. Es importante que nuestra ropa sea cómoda y esté hecha de fibras naturales de modo que se reequilibre al máximo la transpiración y el índice de humedad que a menudo se ve alterado en estos ambientes.
Para agilizar nuestro sueño y el de las personas que están con nosotros, se puede tomar una taza de leche, que contiene serotonina con efecto calmante, o tomar una infusión relajante (malva, tila o camomila). Se pueden utilizar tapones de cera para los oídos si somos muy sensibles al ruido y se evitarán los walkman cuando nos estemos durmiendo o poner cargas de batería del teléfono móvil demasiado cerca de la cabeza; los campos electromagnéticos generados por estos aparatos tienden a amplificarse mucho en locales tan estrechos y nos costará coger el sueño, o nos despertaremos con dolor de cabeza y malestar.
A menudo los servicios higiénicos dejan que desear, por lo tanto, se dispondrá, además de otros objetos habituales para la higiene, también de productos que contengan bactericidas, por ejemplo detergentes a base de limón, bergamoto o enebro, desodorantes a base de sándalo, mirra o pachulí, que tienen propiedades antibacterianas y germicidas, y productos ligeramente alcohólicos, que normalmente deben usarse con moderación, pero que en este caso son preferibles a los más suaves. Se utilizarán toallas o servilletas de papel más que de tela, que se tirarán después de su uso, y conservaremos todos nuestros objetos personales en bolsas de plástico herméticas, fácilmente lavables y que puedan desinfectarse.
Si viajamos a países con bajos niveles de higiene, se evitará beber y lavarse los dientes con agua del grifo, y se utilizará agua mineral. Si debemos lavarnos durante muchos días en situaciones tormentosas, se intentará rehidratar la piel externamente aplicando cremas hidratantes e internamente bebiendo mucha agua y zumos de fruta o de verduras.

El automóvil

Moverse en automóvil es un poco como moverse con una parte de la casa encima: aquí se pueden llevar algunos objetos que nos hagan compañía, algunas fotos de recuerdo o recrear perfumes y colores que nos sean queridos.
A menudo con la actitud que tienen la personas en relación con su vehículo se pueden entender algunos aspectos de su carácter y sus gustos; junto a factores económicos que condicionan la elección, se pueden intuir fácilmente estilos de vida, vicios y manías de sus propietarios.
Las personas agresivas, aunque no puedan permitirse un coche fuera de serie, escogerán un coche de un color fuerte, metalizado, rojo o negro, y preferirán un coche ruidoso y vistoso, con formas agudas y angulosas, ya sea en el interior o en el exterior.

El que tenga familia escogerá un coche grande, seguro y confortable, de color claro, clásico y tranquilo, como el blanco, el verde, el azul, el marrón o el arena, relacionados con la seguridad y la estabilidad, con formas suaves y redondeadas. Los solteros preferirán modelos más prácticos, pequeños pero veloces, de un color original y a la moda: pastel, naranja, verde agua, rosa, metalizado, quizá descapotable, con formas alargadas y dinámicas. El que escoge un automóvil sólo como medio de transporte y no le da ningún significado más allá de este, tendrá probablemente un automóvil anónimo, un poco descuidado, que quizá no funcione perfectamente, señal de que sus pensamientos se centran en otros asuntos y no están tan condicionados por el medio como por el fin a alcanzar.

Si el automóvil nos sirve para trabajar o si lo utilizamos para largos y frecuentes viajes se puede intentar personalizarlo y limitar al máximo las fuentes de malestar. Ante todo se realizará una limpieza interior general, ya que a menudo el aire del interior de los habitáculos contiene una alta cantidad de partículas de polvo, microorganismos y residuos de plomo. También el uso de la calefacción o el aire acondicionado aumentan la difusión de estas partículas y su inhalación puede causar problemas en la respiración y la piel. Tras efectuar esta operación, se eliminarán todos los objetos que no sirvan y que hayamos dispersado aquí y allí, acumulándose durante meses y olvidándolos. Dejaremos en el coche sólo aquellos objetos que nos sirvan o nos ayuden a recrear una pequeña dimensión emocional. Algunas fotos, un muñeco, almohadas, una manta y algunos libros o revistas.

Para mejorar el aire se pueden utilizar ambientadores; se evitarán los preconfeccionados que se venden en las gasolineras y se utilizarán bolas o arena que se pueda perfumar según los gustos personales. Se preferirán esencias estimulantes y depurativas, ya que las que son demasiado relajantes o embriagadoras podrían perturbar la atención y dificultar la conducción. También en la elección de colores del interior debemos ser cautos; es conveniente que el conductor se rodee de colores claros, vivos y estimulantes, pero no agresivos, ni demasiado relajantes: por ejemplo, los marfiles cálidos, el amarillo claro, los verdes, el turquesa, el albaricoque, el gris claro, mientras que para los asientos posteriores pueden escogerse colores más relajantes (azules, morados, verdes oscuros, rosados, etc.) ya que los huéspedes de estos suelen marearse a menudo. Si es posible se escogerán tejidos de fibras naturales (algodón, lino, paño, paja, etc.) fácilmente lavables, así como almohadas de formas suaves y redondeadas.

Para no molestar al conductor, se utilizarán poco las luces, colocando una luz tenue para los asientos posteriores y una lateral para el asiento junto al conductor, con el fin de que se pueda leer y realizar pequeñas actividades. Siempre es una buena elección llevar una radio y un equipo de música, que además de hacernos compañía cuando estemos solos, nos ayudará a permanecer despiertos y a pasar las horas de viaje más agradablemente; se evitará, no obstante, la música demasiado repetitiva, que puede provocar sueño, y la música demasiado fuerte y violenta que puede ponernos nerviosos y volvernos agresivos. Cada vez que nos detengamos, recordaremos que debemos renovar el aire del interior del habitáculo, ya que tiende a consumirse muy rápidamente. Este medio de transporte está vinculado tanto al elemento Metal como al Tierra, por ello son particularmente adecuados los signos vinculados a estas energías.

El barco

No es necesario decirlo: este es el medio de transporte más vinculado al elemento Agua, por ello será el preferido para el que pertenece a un signo con esta energía. El barco y las embarcaciones en general gozan de la particular relación con este elemento, que domina y transforma las costumbres del que vive en él.

A pesar de la gran variedad de embarcaciones que existen, se pueden encontrar características comunes que condicionarán nuestro viaje. A menudo viajar en un barco es una experiencia ya de por sí; pensemos por ejemplo en las largas travesías, incluso de algunos meses, que algunas personas afrontan para ir de una parte del mundo a otra, a menudo lejos de sus seres queridos y sus costumbres.

La relación que se instaura con la energía del agua puede ser un viaje hacia uno mismo, largo y muy profundo. Ver cómo cambia el paisaje, las estaciones, las perspectivas, puede aportarnos emociones profundas si las dejamos que afloren y floten libremente junto a nosotros. El interior de las naves, a pesar de su diversidad y tipología, está normalmente dotado de amplios espacios comunes donde se come, se charla, se asiste a espectáculos y se desarrollan las actividades más dispares. Los reyes de estos viajes son los barcos de crucero, donde, no obstante, a veces se pierde el contacto real con el exterior y se tiende a repetir y a buscar la diversión del modo más parecido posible a lo que se puede encontrar en la ciudad o en un lugar turístico.

El viaje más auténtico es el que deja espacio para un contacto entre nosotros y la fuerza natural del mar abierto, asegurándonos los servicios principales y dejando plena libertad para que nuestra mente se deje llevar por las olas. Los espacios privados, camarotes, servicios higiénicos y comedores, no difieren mucho de los de los trenes, aunque con diferencias en la calidad del aire que será más húmedo y más salobre, una mayor utilización de la madera en los decorados y las estructuras, y más espacios comunes para la relajación. Las normas higiénicas que hemos observado para los trenes son también válidas para los barcos (ver págs. 120-121). Es particularmente interesante la relación que se instaura entre el interior y el exterior: en el interior nos podemos comportar como en un ambiente familiar y hospitalario, y disfrutar de la fuerza del mar en el exterior simplemente subiendo al puente: esta zona de límite es, de hecho, muy adecuada para la relajación y puede ayudarnos a reparar la falta de aire fresco de las horas transcurridas en el interior del barco.

El avión

Este medio de transporte está vinculado al elemento Aire; acoge en sí miedos y deseos simbólicos muy fuertes, que lo llevan a ser el preferido por las personas libres, emprendedoras, seguras de sí mismas, prácticas y fatalistas.

El deseo de entregarse al aire y dejarse transportar a espacios normalmente inaccesibles ha incidido considerablemente en la mente humana, creando nuevos estímulos y posibilidades en la exploración del ignoto retorno a nosotros. A pesar de que el confort en el interior de estos medios haya mejorado notablemente en los últimos años, los factores que más limitan y trastornan a las personas son la ausencia de aire fresco de los ambientes, la poca libertad de movimientos, los cambios de presión y la conciencia de estar suspendidos a miles de metros de la tierra en manos de un tercero. Para quien le guste el avión probablemente estos factores no son condicionantes, y la idea de estar suspendido en el aire entre las nubes puede aportar un extremo sentido de libertad, de paz y abandono, y hacer brotar emociones particulares y extremadamente fuertes. Para quien, en cambio, cada vez que tiene que poner un pie en el avión ya se siente invadido por el pánico, es importante utilizar previamente medidas de prevención y técnicas de armonización de los centros nerviosos durante el vuelo. Si por motivos de trabajo nos vemos obligados a utilizar a menudo este medio de transporte, nos podemos acostumbrar a la altura practicando actividades y deportes escogidos entre los que estimulan las capacidades de autocontrol, y ayudan al equilibrio, por ejemplo el esquí, el *free climbing*, el alpinismo, el parapente, el paracaidismo, etc. Por otra parte es muy útil seguir un curso de yoga, de entrenamiento autógeno o de técnicas de respiración que nos enseñen a controlar la respiración en situaciones de estrés y pánico. Antes de subir al avión escogeremos el lugar donde sentarnos teniendo en cuenta estas características:

— junto a la ventana si preferimos mantener bajo control las situaciones externas y nos relajamos y divertimos observando a los demás;
— junto al pasillo, si nos sentimos más libres y seguros cerca de las salidas de emergencia;
— en el centro, si preferimos la compañía y controlar el pasillo o la salida de emergencia.

Para dejar de lado algunos trastornos físicos, se pueden adoptar los siguientes remedios:

— Ansiedad y ataques de pánico: la noche antes de salir, se tomará una infusión relajante (tila, malva, melisa, camomila) y se llevará una cierta cantidad para el viaje dentro de un termo, para tomar de vez en cuando. También son excelentes para limitar los mareos. Se evitará el café y los alcoholes, sobre todo si se toman tranquilizantes y somníferos.
— Problemas de circulación: se intentará mantener las piernas levantadas y las desentumeceremos cada vez que podamos levantarnos de nuestro sitio. Se pueden tomar infusiones de tallo de cerezo, arándano, arce o con vitamina C.

Para relajarnos, si no logramos dormir, además de dedicarnos a lecturas de poca implicación, podemos escuchar música, intentar desarrollar pequeñas actividades laborales; quien se sienta capaz y considere que el ganchillo, la media y similares son muy relajantes y distraen mucho la mente manteniéndola útilmente ocupada puede ocuparse con esta actividad. También podemos aprovechar para escribir a los amigos que no vemos desde hace tiempo y para practicar algún cuidado de belleza, si la privacidad nos lo permite: se puede emplear el tiempo para hacernos una mascarilla, la manicura, etc., también porque las condiciones climáticas del avión deshidratan fuertemente la piel y enrojecen los ojos. Se pueden utilizar colirios naturales, compresas de camomila o máscaras descongestionantes. Una excelente alternativa a estas actividades es practicar ejercicios de meditación, aislándonos con tapones para los oídos. La melatonina, una hormona que reequilibra el ritmo sueño-vigilia, está indicada en caso de molestias relacionadas con el cambio de huso horario. También existe en fórmula homeopática, con base vegetal, y deberá tomarse hasta algunos días después del viaje. Se utilizará ropa cómoda, de fibras naturales, sin cinturones ni elásticos o gomas que aprieten, zapatos cómodos con un tacón mediano, ya que los cambios de presión tienden a alterar la circulación venosa y a hacernos retener líquidos: también debe beberse mucho líquido, tanto durante el viaje como después, para reequilibrar el sistema hidrolipídico.

La bicicleta

Este medio de transporte es uno de los predilectos de las personas comprometidas con el Feng Shui y de los naturistas de todo el mundo; es el único medio de transporte que no contamina, es silencioso, ligero y estéticamente agradable. Como se sabe, la bicicleta está muy difundida en China, pero también se utiliza bastante en los países del norte de Europa donde la sensibilidad por el medio ambiente está particularmente desarrollada y donde los gobiernos locales promueven su uso, creando y manteniendo carriles bici y recorridos de miles de kilómetros, que permiten a quien lo desee atravesar países enteros.
Este extraordinario vehículo requiere poca manutención, una ojeada a los neumáticos y a los frenos y poco más; en cambio, nos ofrece la posibilidad de conocer mejor los lugares naturales, ciudades y culturas, acercándonos con tranquilidad y discreción a otros mundos. La bicicleta se adapta a todo el mundo: adultos, niños, jóvenes y ancianos, según sus modelos puede servir como simple medio de transporte diario o como verdadera y propia compañera de viaje o como instrumento para las actividades deportivas.
Cuando se utiliza en ciudades con mucho tráfico deben tomarse algunas precauciones. Se evitarán las horas punta y las calles y avenidas más transitadas, prefiriendo calles menores y callejones: a veces prolongar un poco el itinerario puede ser beneficioso si se logra poder respirar mejor y movernos con mayor seguridad.
Las máscaras de papel pueden hacer muy poco frente a la contaminación; serían necesarias máscaras más sofisticadas de carbono activo. Por otra parte, debe tenerse cuidado con el transporte de otras personas, especialmente si son niños; se utilizarán sólo los asientos reglamentarios y se evitarán instalarlos de modo inestable, porque podría ser peligroso para el niño y el conductor.
Dejaremos que la bicicleta pueda expresar su verdadera alma, no se cargará con demasiadas cosas y confiaremos en su inteligente ligereza: se partirá a la descubierta de rincones desconocidos de nuestra ciudad, de caminos en los bosques, de recorridos inusuales. El contacto con el aire, la proximidad con la tierra y la utilización de nuestros músculos nos harán sentir unidos a los elementos naturales que nos rodean.

El alojamiento

Lugar de reposo, de estancia, de relajación, el alojamiento ofrece múltiples posibilidades: es el punto de salida y el punto de llegada, a menudo utilizado sólo para dormir, en casos afortunados es un lugar agradable de recuperación de las fuerzas y energías y de alejamiento de los espacios diarios.

Colores mediterráneos, combinados con la tradición veneciana, la ligereza y la sinuosidad de los elementos arquitectónicos confieren a los ambientes un aspecto de ocio y un aire distinguido. Hotel Ute di Jesolo

La cubierta en forma de paraguas se relaciona armónicamente con los pinos mediterráneos. La estructura y los acabados de madera y cristal crean una equilibrada relación entre los distintos elementos. Hotel Villamarina en Anzio. Arquitecto R. Maci

El alojamiento típico, el que se utiliza con más frecuencia, es normalmente anónimo, poco acogedor, y se vuelve casi un lugar donde detenerse lo estrictamente necesario para desarrollar nuestras obligaciones y volver a partir. Existen, en cambio, algunos hoteles muy lujosos y suntuosos donde pasar el tiempo constituye ya unas vacaciones y de donde no se desearía marchar. Lo ideal sería que, incluso los alojamientos más simples, pudieran contar con algunos elementos que aportaran bienestar al huésped, de modo que él mismo hiciera buena publicidad del lugar.

Ahora consideraremos los principales locales y lugares de acogida que se pueden utilizar para aumentar las condiciones de armonía y de bienestar del sitio.

La recepción debería disponer de un espacio bien visible para el que entra, pero ligeramente lateral, de modo que no le llegue directamente el flujo del Ch'i, y poseer una recepción o un mostrador curvilíneo, oval o alargado que atraiga agradablemente a los huéspedes, con colores vivos, acogedores, y fabricado en un material cálido que incite a las personas a detenerse y a solicitar información. Los colores pueden ser muy encendidos, en tonos desde el amarillo o el turquesa, el verde agua o incluso el rojo y el naranja, según deseemos dar la impresión de un ambiente más relajante o más estimulante.

La recepción debería estar colocada dentro de un hall o una zona de acogida. Se pueden escoger los colores según el área del Ba Gua en la que se encuentre situado, o

Arriba, la linealidad y la esencialidad de esta recepción quedan subrayadas por la utilización de colores claros y madera oscura, que la hacen elegante y funcional. Hotel Mosaico. Proyecto de NOVA TI. Arquitecto R. Giocoli. Fotografía de Christian Benini

Abajo, dos soluciones para la recepción de un hotel. Proyecto de LAB+

en consideración a las condiciones climáticas del lugar; para aportar frescura a lugares cálidos y soleados, se pueden utilizar tonos fríos y combinarlos con colores frescos, asociados al agua. Mientras tanto se pueden utilizar colores más cálidos en un hotel de ciudad o en localidades con un clima más riguroso, interviniendo incluso en la elección de la iluminación, los tejidos y las telas, de modo que se creen graduaciones en los colores y un ambiente acogedor y envolvente.

Las zonas donde la intervención en el decorado es más importante son habitaciones de dormir y el restaurante, donde las personas pasan más tiempo.
En cuanto a este último, recordaremos las normas básicas mencionadas a propósito del restaurante como actividad comercial (ver págs. 108-110), ya que a menudo los restaurantes de los hoteles están abiertos a las personas que no se alojan en ellos. Es importante que el ambiente del restaurante esté en sintonía con el

del hotel, combinándose con estilos, colores y comodidad; se puede escoger también caracterizarlo mejor respecto a los demás ambientes, creando una asociación simbólica con el lugar donde se encuentra o con la época de construcción del edificio y cuidando particularmente la imagen si también deseamos atraer a clientes de fuera. El ambiente que se recree puede ser relacionado con las vacaciones, un entorno informal, alegre, elegante o lujoso, con estilo, etc.; se determinará uno o algunos motivos básicos y se creará un marco recurrente, combinándolo con colores y formas, sin exagerar las repeticiones.

Por ejemplo, en un hotel marítimo, se puede escoger un adorno con peces, conchas, olas y repetirlo en las paredes, las cortinas y las servilletas; determinando el elemento que se le asocia, el agua en este caso, se le combinarán los colores: azul, turquesa, verde e incluso arena, ocre y oro.

Así mismo en la elección de los materiales se puede recurrir a asociaciones simbólicas y formales: el suelo de piedra natural, mosaico, mármoles claros y con venas, latón y cobre para manecillas y complementos de decorado, cristal, tejidos ligeros e impalpables.

Si deseamos crear un ambiente con un estilo cálido y mediterráneo se intentarán determinar algunos elementos recurrentes, por ejemplo soles, palmas, flores tropicales, girasoles, y se le asociarán colores solares (amarillos, naranjas, arenas, verde oscuro, oro, marrón) y formas curvas, suaves, barrocas y rebuscadas, tejidos atiborrados y

El ambiente se ha vuelto acogedor y elegante gracias a los agradables matices de colores cálidos en las paredes y a las cortinas, combinados con el candor de los manteles y la sobriedad de la madera de wengué. Restaurante del hotel Mosaico. Proyecto de NOVA TI. Arquitecto R. Giocoli. Fotografía de Christian Benini

La relación con el exterior es inmediata gracias a las ligeras cortinas a la veneciana y a la presencia en el interior de plantas lozanas. El mobiliario es de madera de wengué que recrea un ambiente de estilo colonial. Rincón bar del hotel Mosaico. Proyecto de NOVA TI. Arquitecto R. Giocoli. Fotografía de Christian Benini

transparentes, espejos dorados, madera rojiza y marrón, materiales satinados y laminados con hojas de oro.

Una tendencia muy actual es el gusto estético por ambientes con tonos primarios y de inspiración «zen» que tienen un sabor entre tecnológico y oriental.

Determinando algunos colores básicos, por ejemplo el blanco, el plateado, los colores de la tierra, se pueden combinar materiales cálidos como la madera clara u oscura y elementos más ligeros como el cristal y el vidrio, y utilizar tejidos blandos, naturales e intangibles. Es importante evitar formas angulosas y duras, se intentará que todo quede armonioso y equilibrado, por lo tanto será necesario equilibrar las formas angulosas con otras blandas y curvas, colores y materiales fríos con otros vivos y cálidos; si nos sentimos condicionados por espacios que nos obliguen a utilizar un decorado ya definido, que no respeta ciertos cánones de equilibrio, intervendremos al menos en los colores de las paredes y equilibraremos la energía utilizando muchas plantas, sobre todo en los rincones y delante de los ángulos muy pronunciados.

Debe prestarse una particular atención a las habitaciones: al ser anónimas, se puede intentar personalizarlas con pequeños detalles, como por ejemplo interviniendo en el color de las paredes y los tejidos, que pueden ser claros y solares en las habitaciones más interiores y oscuras, y tenues y frescos en las habitaciones más expuestas al sol y al exterior.

Hay que evitar la utilización de materiales sintéticos, como moquetas, alfombras y cortinas, ya que tienden a cargar electrostáticamente el aire y lo contaminan con la presencia de televisores, radios, teléfonos, etc. Los adornos y las estructuras metálicas amplifican la radioactividad de las instalaciones electromagnéticas, que perturban el sueño y el descanso, sobre todo en los casos en los que la aireación natural es escasa o difícil.
La presencia de plantas ayuda a mantener limpio el aire y a reequilibrar los campos electromagnéticos. Las normas que deben respetarse para las habitaciones son en general las mismas que las de la casa.
Se puede colocar un armario con espejo interior, una estantería pequeña con libros de viaje y revistas, e instalar en la habitación un equipo estéreo; a menudo durante las vacaciones o las estancias en otros países las condiciones climáticas no permiten salir a la calle y quien no desee frecuentar espacios sociales comunes del hotel puede desear pasar algunas horas agradables en la habitación. Normalmente el baño está comunicado con la habitación en unas condiciones poco adecuadas según el Feng Shui, tanto por la pérdida de energía que se asocia a la descarga de agua como por los eventuales estancamientos de energía que se pueden crear.
La mejor solución en estos casos es dividir el espacio en dos ambientes con paredes fijas, y poner en el cuarto de baño una verdadera puerta, en la que se pueda colgar incluso un pequeño espejo o un adorno de cristal o vidrio de color, que desvíen el Ch'i y no lo dispersen. En el interior del baño, el sanitario debería estar situado en la zona más apartada, no visible con la puerta abierta para aumentar la energía general.
La utilización de plantas contribuye a absorber la humedad excesiva y a filtrar el aire. Es conveniente

A la izquierda, la esencialidad de las formas y los colores permite a la energía discurrir armoniosamente y sin obstáculos, favoreciendo el descanso y la relajación. Habitación del hotel Carducci 76. Proyecto de NOVA TI. Arquitectos R. Giocoli. Ingeniero Sgroi. Fotografía de Christian Benini

Abajo, a la izquierda, rincón con un sofá cama del hotel Carducci 76. Proyecto de NOVA TI. Arquitecto R. Giocoli. Ingeniero Sgroi. Fotografía de Christian Benini

A la derecha, en este baño se han utilizado colores claros y mobiliario muy básico: la luz procede de la terraza y de la habitación y la privacidad queda garantizada por un panel divisorio a la veneciana. Baño del hotel Carducci 76. Proyecto de NOVA TI. Arquitecto R. Giocoli. Ingeniero Sgroi. Fotografía de Christian Benini

El juego del claroscuro producido por las cortinas venecianas crea luces y sombras que mueven la linealidad del ambiente y dan a los colores de base agradables matices. Zona de día del hotel Lu King. Proyecto de NOVA TI. Arquitecto R. Giocoli.
Fotografía de Christian Benini

Esquema para la zona de día de un hotel en Turín

Arriba, a la derecha, *los colores naturales de la paredes y la madera oscura de wengué quedan reavivados por la presencia de un cómodo sofá y dos lámparas de tierra que difunden la luz de modo tenue y apagado. Zona de día del hotel Mosaico. Proyecto de NOVA TI. Arquitecto R. Giocoli. Fotografía de Christian Benini*

disponer de ambientadores y depuradores escogiendo los más indicados, en forma de bolas, hojas o *pot-pourri*.

Centros de cuidados del cuerpo: centros de belleza, fitness y termas

Un tipo de vacaciones especial, adecuado sobre todo para las personas que se sienten cansadas, estresadas o con necesidad de curas psíquicas, se enmarca hoy en día en los lugares donde las personas pueden recargarse y ponerse en manos de expertos y situaciones naturales particularmente envolventes. En algunas ciudades, los centros ofrecen distintas actividades: gimnasia, fisioterapia, natación, medicina natural, centro estético, centro de relajación, deporte: constituyen una especie de oasis en los ritmos urbanos y estresantes. En otras localidades favorecidas por posiciones naturales y con la presencia de aguas termales, aire limpio o enrarecido, de exhalaciones marinas o lacustres, se han desarrollado algunos centros que permiten al usuario escoger el tipo de cuidado o tratamiento más adecuado a su alterado ritmo psicobiológico. Para que sean verdaderamente eficaces, estos tratamientos y actividades físicas deben considerarse caso por caso, según su propia sensibilidad personal o bien confiando en las manos de personas competentes que nos ayuden a descargarnos además de relajarnos y divertirnos. Entre toda esta gran oferta que se nos propone debemos escoger con cuidado lo que necesitemos más en un determinado momento, haciéndonos estas preguntas:

— ¿nuestro cuerpo y nuestra mente están cansados y privados de energía?
— ¿necesitamos alejarnos de la rutina diaria?

- ¿necesitamos dar la vuelta a nuestra costumbres alimenticias, deportivas, sexuales?
- ¿deseamos tonificar y vigorizar nuestro cuerpo?
- ¿deseamos conocer nuevos tratamientos estéticos?
- ¿necesitamos conocer nuevas terapias?
- ¿deseamos una vida con más contacto con la naturaleza?

Con frecuencia el hecho de alejarnos durante algunos días de nuestra vida habitual ya puede aportarnos beneficios, pero no siempre ocurre así. Se puede encontrar ayuda en estos centros especializados, especialmente los que utilizan tratamientos o medicinas «oleísticas», es decir que se ocupan del equilibrio psicofísico en conjunto, considerando al ser humano en su totalidad y no sólo analizando un trastorno o una enfermedad.

Cada órgano tiene unas correspondencias con otra parte del cuerpo, y la mente rige la mayor parte de los trastornos siendo su responsable. Por ello un acercamiento global por parte de expertos que se ocupen de nosotros desde distintos perfiles podría ser muy bueno.

Si nos gusta el contacto con el elemento Agua se puede escoger entre diferentes centros termales, donde podremos beneficiarnos de las distintas propiedades minerales de las aguas y los tratamientos realizados con su ayuda.

Si tenemos predilección por el elemento Tierra podemos dirigirnos a establecimientos donde se efectúen tratamientos con fangos, vendas o arenaciones con la tierra local, según los trastornos o las tensiones que tengamos.

Los centros de bienestar y belleza aseguran una estancia en la naturaleza cuidando el cuerpo según distintas actividades de ocio. Associazione Villaggio Globale. Bagni di Lucca

Masaje y cuidado del cuerpo para recuperar el propio reequilibrio psicofísico. Associazione Villaggio Globale. Bagni di Lucca

Ejercicio al aire libre. Associazione Villaggio Globale. Bagni di Lucca

Si deseamos activar nuestra parte Yang y el elemento Fuego, podemos dirigirnos a centros situados en zonas volcánicas, donde se encuentran aguas sulfúricas y tierras de lava adecuadas para problemas específicos de salud; sin embargo, son elementos muy radioactivos, por lo que deben utilizarse con cautela y sólo tras un estudio de nuestra constitución y nuestras exigencias. El elemento Metal se encuentra en zonas montañosas con elevada composición metálica, adecuadas para los que sufren carencias de cualquier tipo de mineral o metal; en general reúnen la presencia del elemento Aire, que limpia activamente la mente y drena las toxinas. Los lugares que se encuentran próximos al mar aportan una gran carga energética por la presencia de yodo y sales marinas en el aire que reequilibran las carencias y asocian el Yin del agua al Yang de la sal; por eso son adecuados para todo el mundo y tienen una amplia gama de ofertas. No obstante deben evitarse en personas muy ansiosas e imperativas porque la presencia de mucha energía puede acentuar estas tendencias, mientras que es un clima excelente para quien tiene tendencia a la depresión. Otro lugar de bienestar puede ser una casa rural en el campo, que ofrece: paseos por el bosque, a pie o a caballo, deporte al aire libre, natación, esquí, *trekking*, alpinismo, pero también cultura local, gastronomía y enología, que ayudan al cuerpo y al espíritu a conocer cosas nuevas y a alimentar nuevos estímulos de bienestar.

En este tipo de vacaciones hay que intentar aprender a escuchar los ritmos de nuestro cuerpo, sus reacciones a los nuevos estímulos y a sus nuevos deseos.

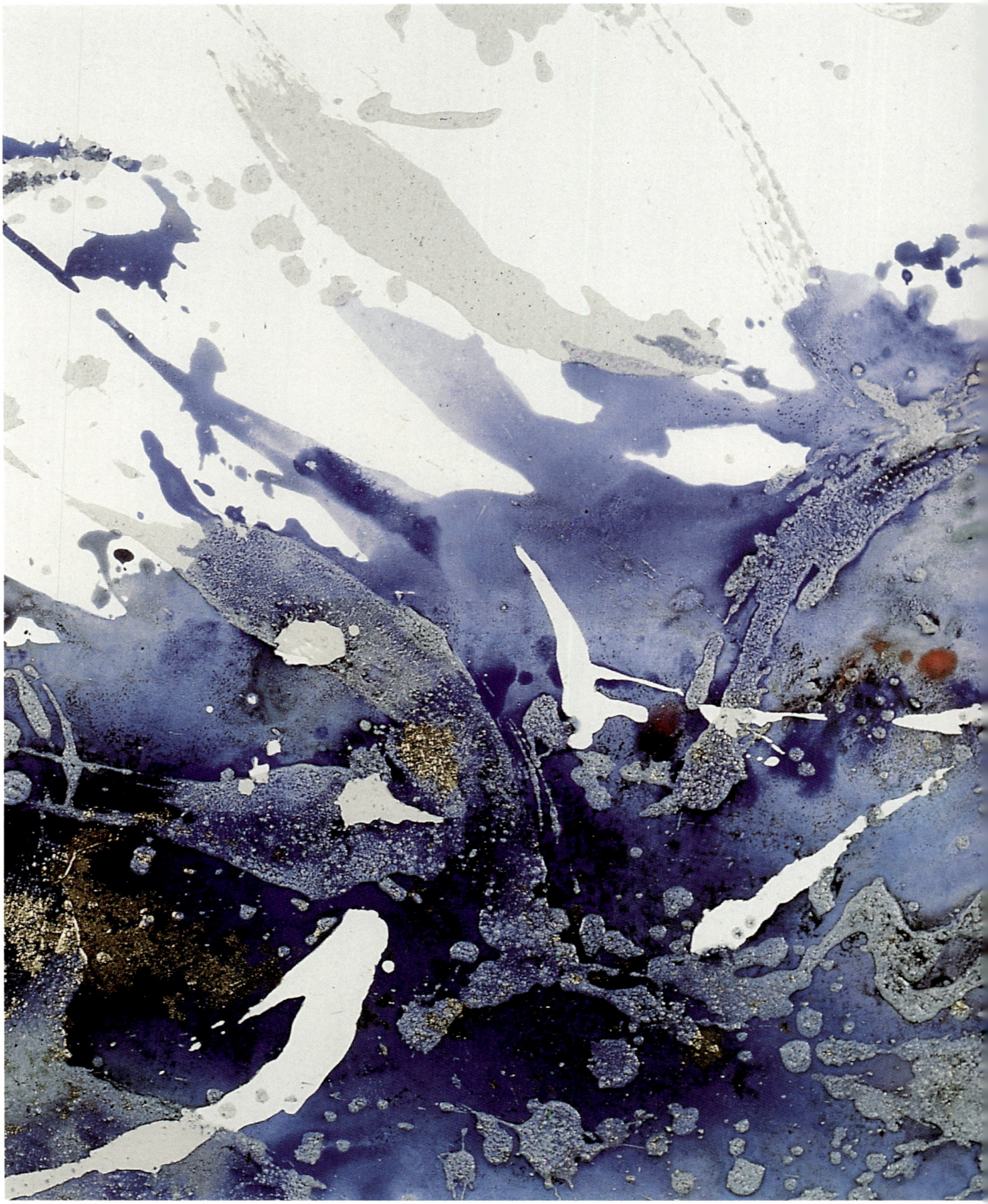

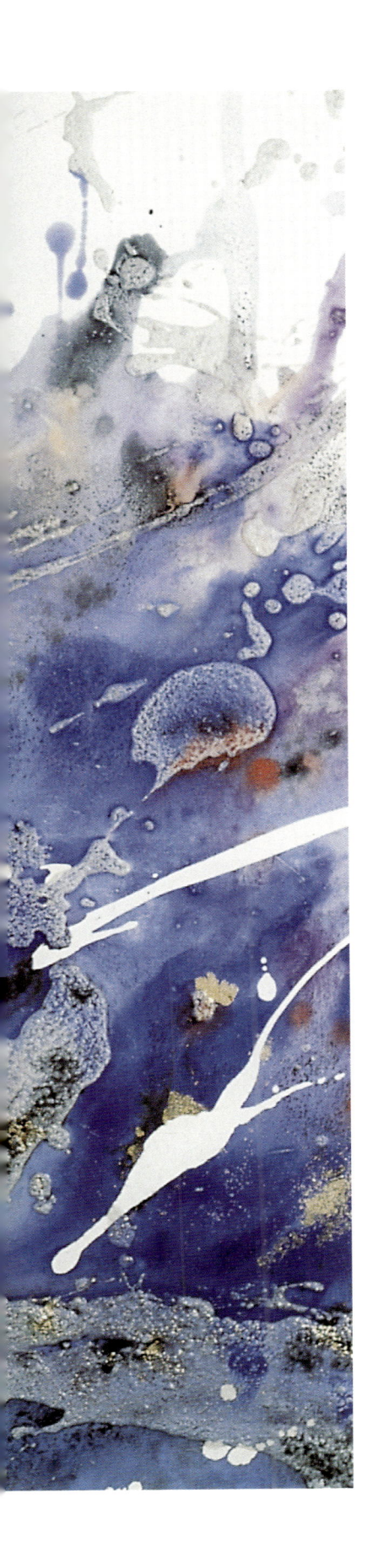

El bienestar psicofísico con el Feng Shui

Un espacio propio

La sociedad moderna ha convertido el tiempo en una neurosis, una manía en la que invertimos todas nuestras acciones y todos nuestros pensamientos; la abundancia de tareas diarias, laborales y familiares, nos hace difícil la vida y el crecimiento personal.

Casi parece que cuanto más ocupada está una persona con el trabajo, más digna de respeto es, mientras que a menudo estamos en la oficina sin tener nada que hacer, o llenamos los días de ocupaciones y deberes para no dejarnos tiempo de reflexionar verdaderamente.

Una persona que durante toda la vida esté trabajando durante diez horas al día cree que es indispensable para su organización, y cuando tiene tiempo para sí misma no sabe ya cómo emplearlo. Por otra parte, a menudo se acumulan más objetos y cosas de las que en realidad podemos disfrutar, posponiendo siempre el momento en que nos dedicaremos a todo esto. La verdadera libertad para el ser humano moderno es tener tiempo de disfrutar de todas las cosas que lo rodean.

Pero libertad es también reapropiarse del espacio para sí, dejando libre el propio pensamiento de condicionantes y obligaciones, de deberes, reglas y de la acumulación de cosas, concediéndonos momentos de vacío mental para hacer limpieza de los viejos esquemas que nos encierran en una rutina que nos empobrece.

Los chinos, los japoneses, los hindúes y muchos otros pueblos orientales, como los antiguos griegos y los romanos, eran maestros en la filosofía y el arte de disfrutar del ocio y los propios pensamientos. Las religiones taoístas e hindúes, la filosofía zen y la griega siempre han considerado el ocio como pereza y disolución, pero como una recarga necesaria para el cuerpo y la mente, un momento en el que dejarnos llevar liberándonos de las acciones y donde el proceso creativo tenga un espacio propio.

Este momento es importante para dar sentido a las cosas que poseemos, para cultivar lo bello en todas sus formas de expresión. El ocio, la relajación y la meditación, requieren lugares precisos: existen lugares para descansar, lugares para distraerse, lugares para meditar, lugares para divertirse. Ninguno es más importante que el otro, se trata de entender las cosas que más necesitamos en cada momento; son disciplinas que se pueden practicar ya sea en lugares abiertos como en casa, durante las vacaciones o en la oficina. Es un estatus mental que puede verse favorecido por algunos factores y perturbado por demasiados estímulos que nos distraigan;

determinaremos así cada vez cuál es nuestra necesidad:

- ¿Debemos hacer el vacío para recuperar energía?

- ¿Debemos tener espacio para reflejar nuevos acontecimientos que nos asaltan?

- ¿Debemos reunir paz y profundidad para recuperar una relación alterada con nosotros mismos?

- ¿Necesitamos eliminar viejas costumbres y esquemas mentales para dejar espacio a cosas nuevas?

- ¿Deseamos desarrollar nuevas ideas?

- ¿Hemos decidido cambiar de estilo de vida y no sabemos en qué dirección movernos?

Según las respuestas que nos hayamos dado, veamos cuáles son las «no actividades» más adecuadas a nuestro caso.

El ocio

Muchos de nosotros ejercemos actividades cada vez más intelectuales que llevan a realizar un gran trabajo mental. Se puede compensar este cansancio con el ocio, que no significa no pensar, sino no pensar con reglas fijas, no tener el asalto del reloj, no seguir los recorridos de la racionalidad. Crearemos un espacio para nosotros en el que haremos el vacío mental y dejaremos volar nuestros pensamientos, por ejemplo observando un paisaje o una extensión de agua: sin intentar intervenir intelectualmente se puede intentar recoger las emociones que nos comunica la naturaleza. Si encontramos resistencia en alguna parte, debemos intentar concentrarnos en nuestra respiración, hasta que la mente, más libre, empiece a moverse de un modo menos condicionado.

Se puede crear un espacio en casa, lejos del ruido, en una zona Yin, por ejemplo al Norte, o bien en la habitación o el salón; se puede leer un buen libro, escuchar música, darnos un buen baño o dejarnos llevar por las olas del pensamiento. O bien podemos sentarnos al aire libre en un cómodo sillón, tumbarnos en una hamaca o en el césped, pasear lentamente dejándonos penetrar por los aromas, los ruidos y los silencios naturales. De vez en cuando no pondremos límites de horario a esta actividad y veremos qué nos sucede.

Probablemente al principio será difícil, pero con el tiempo nos acostumbraremos a otorgarnos el espacio suficiente para hacerlo y nos daremos cuenta de que no es un tiempo perdido, sino un tiempo ganado para entrar en profundo contacto con nosotros mismos.

La relajación

Si el ocio juega con el pensamiento y lo afronta con una luz distinta, la relajación está más bien orientada a vaciar la mente y el cuerpo de esquemas y costumbres diarias. Es cierto que para una persona puede ser relajante dedicarse a una actividad deportiva o que canse, pero para que sea completamente relajante no debemos pedir demasiada atención a nuestra mente y a nuestro cuerpo, o no lograremos librarnos completamente.

Relajarse significa dejarse llevar, dejar que nuestros músculos disminuyan su velocidad, que nuestras emociones se liberen y se disuelvan las tensiones. Les presentamos algunos consejos simples que el Feng Shui proporciona para ayudar a

Tener un pequeño jardín zen puede servirnos para aligerar la mente de demasiados pensamientos y ayudar a la concentración. Jardín zen Cinius. Fotografía de Aslay

alcanzar un estado de verdadera relajación:

• Con algunos libros, revistas de ocio o viaje, una silla cómoda o una tumbona en un lugar tranquilo de la casa, por ejemplo en el área del Conocimiento o la Contemplación, o en la que esté orientada al norte, que se beneficia de una energía introspectiva y calmante.

• Se puede escoger música de fondo entre las más relajantes: melodías de arcos, músicas new age, sonidos naturales, música clásica.

• Se escogerán colores relajantes para paredes y decorados: violetas, azules, verdes, rosa, púrpura y no nos excederemos en su uso.

• Tendremos plantas con hojas redondeadas, y las situaremos en abundancia sobre todo en los rincones.

• Se evitarán los ambientes con demasiadas cargas electromagnéticas, reduciendo al mínimo la presencia de instalaciones eléctricas, eliminando por completo las instalaciones televisivas y telefónicas. Se dispondrá una iluminación ligera, con un par de puntos de luz difusos y regulables, según se desee descansar o leer, y algunas velas que se utilizarán en sustitución de las lámparas.

• Se utilizarán cojines blandos, cortinas de fibras naturales de colores difuminados y combinados con los colores de las paredes; se evitarán los espejos y las estructuras metálicas que tienden a aumentar las vibraciones electromagnéticas poniéndonos nerviosos.

• Podemos tener con nosotros un pequeño animal doméstico, pero que sea tranquilo, que nos ayude a entrar en sintonía con nuestros instintos más básicos; también es agradable oír el rumor de fondo de una fuente que favorece esta actividad y descarga tensiones.

Meditación. Centro Surja, Milán

- El masaje y la reflexología plantar son particularmente adecuados para generar este tipo de sensación.

La meditación

A cargo de Amadio Bianchi, presidente del Centro Surja de Milán

Muchas personas practican hoy en día la meditación oriental con resultados ampliamente positivos para la mente. Además es el método más antiguo de desarrollo de la conciencia y también una experiencia bastante relajante. Muchos empresarios de éxito y famosos artistas del espectáculo la han elegido como parte integrante de su modo de ser, ya que procura, entre otros, el conocimiento de la actitud justa de observación en la vida, una actitud de no compromiso y objetividad que despierta la fe en quien está cerca de nosotros.
La práctica diaria nos mantiene, por decirlo de algún modo, «centrados». Aconsejo seguirla sobre todo por la mañana después de despertarse y luego siempre que sea posible.
La técnica que les sugiero es la siguiente: dejando de lado todas las preocupaciones y las tensiones, siéntese en el suelo con las piernas cruzadas, en una posición cómoda, intentando sin embargo mantener la espalda muy recta. Permanezca con los ojos cerrados, inmóviles pero relajados.
Cuando el cuerpo esté acomodado y ya no moleste, puede iniciar a fijar la atención en los ruidos que llegan de lejos, del exterior, respecto a la estancia en la que nos encontremos. Sin prisas, durante algunos minutos. Luego restrinja el campo de percepción de su conciencia a las dimensiones de la habitación. Perciba las paredes, el techo, el suelo, los objetos presentes cerca de usted. Luego percíbase a sí mismo sentado en meditación, en la posición en la que se encuentra, su cuerpo, su existencia física. Relájese y déjese llevar por la calma y la serenidad.
Notará que apenas haya tenido éxito en este sentido la respiración se hará más lenta, incluso más evidente. Entonces con suavidad, centre toda su atención en esto. En cierto sentido, «monodireccione» la concentración. Ahora está seguro de encontrarse con su conciencia en el presente. Ahora, en usted. Lo que está experimentando es un estado de conciencia, un estado del ser. Ha tomado posesión de su conciencia y permanece en ella con naturalidad y placer hasta que le sea posible. Si aparece algún pensamiento, obsérvelo pero no se deje llevar por este.
Aliénese separándose de la actividad emotiva de su mente. «Desvitalice» los pensamientos simplemente despojándolos de su aspecto emotivo. De ese modo permanecerán útiles en su memoria sólo como una

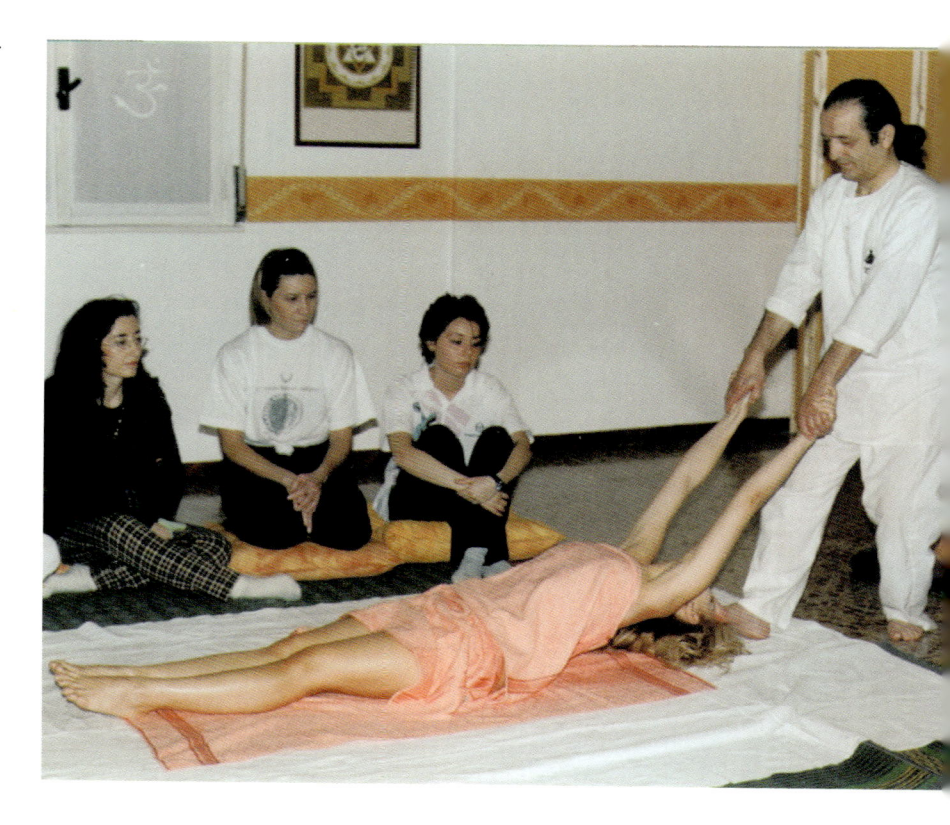

Técnicas de manipulación. Centro Surja, Milán

Ejercicios físicos. Centro Surja, Milán

experiencia pero no le molestarán más. Cuando decida terminar, deberá hacerlo gradualmente, realizando el recorrido opuesto respecto al inicio y moviendo con calma la concentración del centro de su ser hasta la periferia hasta que retome conciencia de su cuerpo físico y de los ruidos que llegan del exterior. Deshaga la posición lentamente. Tenga en cuenta que una meditación prolongada lleva el latido cardíaco y la presión a niveles muy bajos y por lo tanto un despertar demasiado repentino podría ser perjudicial. También el sonido del teléfono o de cualquier otro ruido puede provocarle un «susto» durante la meditación profunda: por ello es necesario preparar y organizar un lugar y las justas condiciones para su práctica.

La actividad física

Son muchas las disciplinas para el cuerpo que podemos llevar a cabo, pero intentaremos orientarle entre las más adecuadas para nuestra constitución y nuestros gustos, privilegiando las que reúnen un beneficio osteomuscular con la distensión o el estímulo de la actividad mental. El ejercicio que se desarrolla al aire libre también reúne el movimiento físico y la relación con la naturaleza, aumenta la oxigenación y por lo tanto proporciona una recarga superior a la actividad desarrollada en un ambiente cerrado. Por ello las actividades como la carrera, la bicicleta, la natación, el esquí, el *trekking*, etc. asocian al movimiento muscular también el contacto con los distintos elementos en los que se practica, la fuerza de la tierra, la armonía de los espacios verdes, la fusión con el elemento agua.

Con todo, a menudo, es necesario y a veces más accesible, desarrollar las distintas actividades dentro de un espacio cubierto, ya sea en un gimnasio o en la propia casa. Para disponerse a estos ejercicios del mejor modo posible, deberán tenerse en cuenta algunos factores:

• Se comprobarán las condiciones higiénicas del gimnasio (presencia de baños, duchas, saunas, vestuarios, etc.) que deben estar perfectamente limpios y ser desinfectados con frecuencia.

• Nos aseguraremos que el lugar no esté demasiado concurrido y se airee a menudo.

• La iluminación debe ser lo más natural posible, y la artificial debe ser viva pero no cansar, evitando luces de neón o fluorescentes que son responsables de muchos trastornos en la vista, el humor, la digestión y el equilibrio.

• En casa se escogerá un espacio apartado, que, si es posible, se utilizará sólo para esta actividad, donde se puedan desarrollar distintas tareas de forma rotatoria (gimnasia, meditación, relajación, lectura, ocio, etc.); cuidaremos también la iluminación y se intentará disfrutar al máximo de la luz del sol, cambiando el aire antes y después del desarrollo de los ejercicios.

• En algunos rincones colocaremos algunas plantas que reequilibren el aire y lo mantengan limpio (*Spathypyllum, Pothos*, drácenas, *Ficus benjamina*, etc.).

• Se escogerá un pavimento de madera no tratada, o bien una alfombra de fibra natural (algodón, lana, coco, tatami) y una tela o una colchoneta encima, donde efectuaremos los ejercicios.

• Se evitará poner muebles u objetos voluminosos en este espacio, limitándonos a lo esencial, es decir algunos aparatos de gimnasia, una toalla, una botella de agua, un aparato de música y, si se desea, incienso, velas perfumadas o aceites esenciales.

• Nos vestiremos con ropa cómoda y de fibra natural, que absorba el sudor y sea fácilmente lavable con agua caliente.

De las actividades físicas mejores para desarrollar en casa se aconseja el yoga, los estiramientos o *stretching*, la gimnasia suave, la postural, el método Pilates y la danza.

El ritual del baño

Este momento, al ser verdaderamente especial y permitir un perfecto reequilibrio psicofísico, requiere la escrupulosa observación de algunas normas. Ante todo friccionaremos nuestro cuerpo en seco con un guante de crin o una esponja y, tras esta operación, tomaremos una ducha fresca con productos jabonosos para el cuerpo y el cabello. Después podremos sumergirnos en un agradable baño caliente añadiendo algunas gotas de aceite esencial perfumado e hidratante, y un apósito nutriente y reequilibrante en el cabello a base de aceite vegetal, por ejemplo de yoyoba o de germen de semilla, al que se añadirán las esencias específicas. Durante el baño la esencia envuelve completamente tanto el cuerpo como la mente, ya que el calor del agua difunde intensamente su perfume; para favorecer la absorción por cada

El ritual del baño. Proyecto M. Canazza. Oficina Botánica

Aceites, esencias y velas aumentan los efectos regeneradores del baño. Proyecto de M. Canazza. Oficina Botánica

BAÑO CON ACEITES ESENCIALES

Estimulante:	3 gotas de albahaca, 4 de canela, 4 de menta, 5 de enebro, 5 de romero.
Relajante:	2 gotas de camomila, 4 de ciprés, 4 de naranjo, 6 de lavanda, 2 de rosa, 8 de sándalo.
Afrodisiaco:	4 gotas de jazmín, 4 de canela, 8 de sándalo, 4 de ylang-ylang.
Refrescante:	2 gotas de jazmín, 3 de bergamoto, 4 de geranio, 2 de albahaca, 3 de menta.
Para los niños:	2 gotas de lavanda, 2 de naranjo, 1 de camomila, 1 de geranio.

poro de la piel, al no ser los aceites hidrosolubles, los emulsionaremos primero con algo soluble en agua, un baño de espuma de base vegetal y con ph neutro, o también con las siguientes sustancias:

— miel: es buena para la piel y cuida las inflamaciones; se mezclan las esencias con tres o cuatro cucharaditas de miel y se disuelve bien en el agua;
— nata: emulsionante e hidratante natural; mezclada con algunas cucharadas de esencia en el baño impide la deshidratación;
— sales marinas integrales: desintoxicante y purificante para la piel y todo el organismo, contiene además sales minerales que refuerzan el sistema inmunitario; se mezclan las esencias con un par de puñados de sal en un vaso de cristal que se cierra y se agita, luego se mezcla con el agua agitando bien.

Al final efectuaremos un veloz «latigazo» con el chorro de la ducha fresca, empezando desde la parte inferior a la parte superior del cuerpo, hasta el cabello.
En torno a esta práctica, se puede poner un poco de música, encender algunas velas o utilizar luces tenues, quemar incienso y quizá tener un buen libro para leer durante el baño. Recordemos que el agua no limpia sólo de residuos de polvo y porquería, sino que lava también las energías bajas y paupérrimas que se acumulan en nuestro cuerpo y que permanecen en nuestra mente. A menudo habremos notado que lavándonos la cabeza con vigor se tiene la sensación de habernos aligerado también de pensamientos y habernos relajado. El agua caliente es una ayuda muy valiosa para descargar tensiones y bloqueos energéticos, mientras que el agua fresca renueva las energías y nos da más claridad.
Para no estropear el trabajo realizado es, no obstante, muy importante el momento del secado: nos secaremos el cuerpo con una tela de algodón o lino, friccionándolo ligeramente, envolveremos los cabellos en una tela para retirar la mayor parte de agua y evitaremos si es posible el secador, que emite grandes campos electromagnéticos.
Si el clima nos lo permite, nos secaremos el cabello

al aire libre, o bien nos situaremos cerca de un radiador o en su trayectoria.

El sueño

El sueño nos permite recargar nuestro cuerpo con la energía consumida durante el día y ponernos en contacto con la esfera del inconsciente de nuestra mente. Es de notable importancia, por lo tanto, disponer de las condiciones más favorables para el desarrollo de esta función.
En nuestra propia habitación crearemos un ambiente simple y armonioso: pocos muebles, ligeros, con formas no angulosas, puntos de luz difusos y colores tenues en las paredes. Se evitarán televisores y electrodomésticos que, al aumentar los campos electromagnéticos, perturban el sueño; recurriremos al viejo despertador a pilas en lugar de la radio despertador.
También se evitarán espejos que reflejen a la persona mientras duerme, muebles y adornos angulosos, vigas de madera y lámparas que perturben el sueño del que descansa.
Antes de acostarse, posiblemente por la noche temprano, cuando el índice de contaminación presente en el aire haya disminuido, es una buena norma airear la habitación.

En esta habitación se ha dado preferencia a materiales claros y naturales; añaden un toque de color la pared que está detrás de la cama y una iluminación cálida y difusa.
Fotografía de Aslay

Arriba, estas lámparas de colores confieren al ambiente una atmósfera de alegría y crean sugerentes juegos de luces. Fotografía de Aslay

Abajo, la forma y el color de esta lámpara de papel aumentan la energía vital del ambiente y le confieren un toque de magia. Lámpara Cinius. Fotografía de Aslay

durante al menos unos veinte minutos; más tiempo si en la estancia se ha utilizado el televisor, el ordenador, el secador o algún otro aparato.

Para favorecer el dejarse llevar por el sueño, se escogerá la parte de la habitación más tranquila, lejos de la calle, el salón y la cocina, y si es posible con ventanas a un patio interior o jardín; es muy bueno dormir en una zona con energía Yin, por ejemplo en el área de las Relaciones, o al norte, ya que es la dirección asociada a la energía del agua, que aporta calma y tranquilidad. Puede ir bien incluso una habitación orientada al oeste, que recoge la energía introspectiva del Sol que se pone. Se puede quemar un poco de incienso o un aceite esencial antes de dormirse, por ejemplo de lavanda, rosa o violeta. La elección de la cama es de fundamental importancia: debería colocarse en la zona más apartada de la habitación, en posición diametralmente opuesta a la puerta de entrada, con las ventanas al lado. Es conveniente comprobar que debajo de la cama no haya cruces de redes electromagnéticas, ni cursos de agua, fallas o fracturas del terreno. Las radiaciones ionizantes emitidas por estos elementos pueden ser extremadamente perjudiciales para la salud, considerando que durante el descanso nuestras defensas inmunitarias disminuyen un 70%. La cama debe estar construida con materiales naturales, madera para la estructura y el somier, látex, coco o lana para el colchón: recordemos que debe sacudirse con frecuencia, exponerlo al sol y darle la vuelta a menudo. También las sábanas, las colchas y los almohadones deberían ser de tejidos naturales, como el algodón, el lino, la lana, el mohair, la seda, el cachemir, la pluma de oca, a menudo cambiados y lavados, preservados en armarios o contenedores sin humedad o resguardados del polvo. La cabecera de la cama tiene que estar orientada al norte, ya que es la dirección que permite el sueño más relajante. Lo que logra hacer el inconsciente durante el sueño no logran hacerlo ni la voluntad ni el deseo cuando estamos despiertos, por ello nos abandonaremos al sueño o al descanso con confianza. No debemos temer entrar en contacto con nuestro mundo más íntimo, incluso si esto puede aportarnos dolor y sufrimiento en forma de pesadillas. Quizás este sea el único

La fuerza de la pasión amorosa puede ser imaginada como el impetuoso encuentro de los principios del Yin y el Yang. El Tao del Amor. Proyecto de LAB+

Para crear una ambiente sensual se puede poner una mosquitera sobre la cama o cortinas de seda en las ventanas. Con la ayuda de pequeños puntos de luz, se obtendrá una difusión inmaterial de la luz y los colores. Cama Cinius. Fotografía de Aslay

*Lámparas danzantes. Cinius.
Fotografía de Aslay*

modo con el que nuestro inconsciente logra comunicarnos algo que estamos reprimiendo.

El Feng Shui del amor

Los primeros en disfrutar de la organización del espacio y la disposición de los objetos con una finalidad sentimental fueron los taoístas, que aplicaban el Feng Shui para incrementar la energía sexual y para dar mayor placer a sus compañeras. El taoísmo aconseja cultivar el propio gusto, vivir sanamente y disfrutar plenamente las alegrías de la carne y del espíritu. Para el taoísmo no existe una línea de demarcación entre placeres materiales y espirituales, todos se unifican en el éxtasis, ya que cuando goza de la naturaleza y el arte el taoísta está en comunión con el universo.

Sin la armonía del Yin y el Yang, de lo femenino y lo masculino sólo queda muerte y destrucción.

Por ello para favorecer la armonía del Yin y el Yang en nosotros mismos, podemos intervenir en nuestra habitación, actuando sobre el flujo del Ch'i y determinando las distintas influencias que el Yin y el Yang aportan a las distintas áreas de la casa.

Para situar los adornos y la cama se pueden seguir los principios aconsejados en el párrafo dedicado al sueño (ver págs. 144-147), evitando además que los elementos creen separaciones, como las vigas encima de la cama (se puede anular su efecto protegiéndolas con una tela por ejemplo) o la utilización de dos colchones simples en una cama matrimonial. Las tonalidades que deben preferirse son las neutras y las Yin, el verde, el azul, los ocres; las fuertes deben limitarse.

Área Agua: se inicia cuando empieza una historia de amor para hacer frente a las dificultades de comunicación. Para que fluya este tipo de energía debe ponerse en esta zona algo azul, una fuente o una imagen de agua.

Área Tierra: representa el contacto con los propios sentimientos. Debe activarse cuando no se logra entender qué es lo que se prueba frente al amor. Para estabilizar esta zona debe colocarse una estatua romántica de terracota, o un jarrón con tierra y flores.

Área Trueno: está vinculada a las intrusiones de familiares o superiores en nuestra relación; debe analizarse cuando se desean evitar estas interferencias. Se estabiliza con una piedra de ágata azul.

Área Viento: actúa sobre lo estático, el cansancio y las relaciones que no evolucionan: se puede poner en esta zona una piedra de cuarzo rosa.

Área Centro: debe activarla el que desee sentirse siempre enamorado o que haya sido abandonado sin motivo aparente. Es importante comprobar que el centro no se corresponde con el baño o el recibidor, dos lugares donde la dispersión de energía es muy alta. Para aclarar de una vez por todas qué es lo que se está buscando en la pareja, pondremos objetos de oro o plata en la parte central de la habitación.

Área Cielo: refleja todo lo que esté vinculado con la amistad. Para que duren las relaciones se pueden poner piñas en esta zona.

Área Lago: representa la sexualidad. Es necesario aportar algunas modificaciones cuando existen problemas relacionados con el deseo o si nos sentimos siempre atraídos por personas equivocadas. Para dejar de pensar en un amante, quemaremos al mismo tiempo una vela blanca y una negra.

Área Montaña: está relacionada con la comunicación. Se utilizará en esta zona una amatista o se apuntará un motivo floral de color violeta.

Área Fuego: tiene relación con la realización de uno mismo; es justo intervenir en esta cuando nos encontramos frente a un obstáculo. Para atraer nuevos encuentros pondremos un ramo de flores rojas o cojines o una lámpara de este color.

Los perfumes y las esencias aromáticas

Perfumar los lugares en los que se pasa la mayor parte del tiempo puede ayudar a tener buen humor, lucidez mental, rapidez de reflejos y tranquilidad.

La esencia de una planta es el esquema de su inteligencia, el principio activo que concentra todas las cualidades de su especie; liberando la esencia de las partes densas se libera energía pura de la planta que es extremadamente potente. Una habitación con un buen Feng Shui se beneficia de un flujo constante de energía. Para aumentarlo, las velas, el incienso y los aceites energizantes deben colocarse en los rincones oscuros o en los espacios vacíos, donde el Ch'i tiende a estancarse. La luz temblorosa de una vela o algunas gotas de aceite esencial puestas en un difusor, en un pot-pourri o en el agua caliente del baño estimulan el Ch'i y hacen que su flujo se

Arriba, entre los numerosos modos de perfumar un ambiente, se pueden utilizar aromas y aceites esenciales, inciensos de bastoncito y cono, velas perfumadas o de gelatina, pot-pourri de flores, bolas perfumadas, etc. Es importante que siempre tengan una procedencia biológica y que no sean tratados con productos químicos porque al evaporarse el perfume acabaremos respirando también estos productos. Oficina Botánica

Abajo, difusores para aceites esenciales. Fotografía de Aslay

LOS ACEITES ESENCIALES MÁS DIFUNDIDOS

Aceite esencial	Energía	Propiedad
Albahaca	Yang	Digestivo, tónico, estimulante renal, antiséptico, está indicado para la cura de depresiones, ansiedad, cefaleas, malas digestiones, tos, resfriados, menstruaciones escasas, dolores musculares.
Bergamoto	Yang	Sedante, cicatrizante, desodorante, antiséptico, antiespasmódico, está indicado en casos de dermatitis, heridas, infecciones de las vías respiratorias y urinarias, depresiones.
Cajeput	Yang	Antineurálgico, antiséptico, estimulante, sudorífero, está indicado para distintas infecciones, otitis y neuralgias.
Camomila	Yin	Sedante, digestiva, antiespasmódica, antidepresiva, diurética, emoliente, está indicada en casos de dermatitis, pruritos, cólicos, conjuntivitis, diarreas, cistitis, gastritis, gingivitis, migrañas, insomnio, fiebre, depresiones.
Canela	Yang	Tónica, estimulante, calefactora, afrodisiaca, antiparasitaria, está indicada en casos de astenia, cansancio, impotencia, frigidez y dolores musculares.
Ciprés	Yin	Vasoconstrictor, reequilibrante, astringente, desodorante, antiparasitario, antiespasmódico, diurético, está indicado para las varices, edemas, hemorroides, desequilibrios menstruales, dificultades respiratorias, reumatismos.
Enebro	Yang	Astringente, depurativo, diurético, digestivo, antiséptico, expectorante, está indicado para dermatitis, celulitis, hemorroides, cálculos, cistitis, gripe, cuidados de la piel.
Eucalipto	Yin	Balsámico, está indicado para el asma, bronquitis.
Geranio	Yin-Yang	Tónico, antiséptico, astringente, regulador del equilibrio hormonal, antiparasitario, está indicado en casos de dermatitis, quemaduras, celulitis, edemas y llagas.
Incienso	Yang	Antiséptico, está indicado en caso de estrés, bronquitis, asma, arrugas, envejecimiento.
Jazmín	Yin-Yang	Relajante, cicatrizante, tónico de la esfera emocional y sexual, está indicado en casos de depresión, ansiedad, disminución del deseo sexual, dismenorrea, cuidado de la piel.
Lavanda	Yin-Yang	Sedante, desodorante, antiparasitaria, está indicada en casos de inquietud, insomnio.
Limón	Yang	Astringente, antitóxico, depurativo, bactericida, estimulante, antianémico, hipotenso, está indicado para trastornos digestivos, enfermedades infecciones, acné, picaduras de insectos, celulitis, hipertensión, astenia.
Menta	Yang	Antiespasmódica, digestiva, antiséptica, antiinflamatoria, tónica, está indicada en caso de cefalea, cólicos hepáticos, depresión mental y física, neuralgias, dolores musculares, tos, dermatitis, problemas menstruales.
Mirra	Yang	Balsámica, digestiva, antiinflamatoria, cicatrizante, está indicada para curar la tos, amenorrea, heridas, úlceras, llagas, micosis, afta.
Naranja amarga	Yang	Tónica, depurativa, sedante, astringente, está indicada para trastornos neurálgicos y digestivos, dermatitis, cansancio, insomnio.
Pachulí	Yang	Antiinflamatorio, sedante, desodorante, afrodisíaco, antiséptico, antiparasitario, está indicado para problemas de la piel, ansiedad, depresión, disminución del deseo sexual.
Rosa	Yin	Edulcorante, antidepresiva, depurativa, cicatrizante, desodorante, está indicada en caso de depresión, insomnio, amigdalitis, insuficiencia circulatoria, impotencia, frigidez, trastornos menstruales, problemas de la piel.
Sándalo	Yang	Diurético, antiséptico pulmonar y urinario, desodorante, antiinflamatorio, afrodisiaco, tónico, está indicado en las infecciones de las vías respiratorias y urinarias, depresiones, insomnio, cuidado de la piel.
Toronjil	Yang	Digestivo, antiséptico, desodorante, insecticida, refrescante, antiespasmódico, está indicado para problemas digestivos, seborrea, cólicos, cefalea, insectos molestos.
Ylang-Ylang	Yin	Afrodisiaco, sedante, antidepresivo, antiséptico, tónico, estimulante de la circulación, atenúa el miedo, está indicado en casos de frigidez, tensiones, depresión, insomnio, hipertensión, cuidados de la piel y el cabello.

mueva por todo el ambiente. Es importante utilizar las fragancias con moderación para que no opriman o aturdan. Existen algunos lugares en la casa donde se pueden utilizar tranquilamente: en las habitaciones de dormir, los baños, el salón, el estudio, los pasillos y las despensas, mientras que en otros espacios como la cocina y el comedor deberían evitarse para no confundirse con los olores naturales de los alimentos. Como mucho se pueden encender al final de la cocción de los alimentos y al final de las comidas para purificar el aire y equilibrarlo.

Cada habitación requiere un perfume particular, que debe elegirse pensando en el ambiente que se desea crear:

— *habitación de matrimonio*: incienso, ylang-ylang, rosa, geranio, lavanda, jacinto, camomila, vetiver;
— *habitación de los niños*: lavanda, camomila, rosa, jacinto para relajar; romero, naranja amarga, clavel para estimular;
— *sala de estar*: naranja amarga, limón, bergamota, canela;
— *estudio*: cítricos, romero, eucalipto, menta , salvia, clavel;
— *baño*: lavanda, incienso, mirra, pachulí, madera de sándalo.

Las luces y el color

La luz natural o artificial representa simbólicamente la energía del Sol, una fuerte energía Yang que dinamiza el ambiente y que hace posible la vida. La luz tiene un efecto estimulante en el cuerpo y relajante del sistema nervioso, tanto es así que en ausencia de luz la persona tiene tendencia a la depresión, al nerviosismo y al cansancio. El color cura porque estimula las glándulas endocrinas, tonifica los órganos e influye en el humor de la persona.

Si el ambiente es demasiado oscuro, se pueden instalar nuevas luces, para crear mayor energía. Los puntos de luz deben situarse en los rincones donde el Ch'i circula mal. Una iluminación situada con precisión puede

CÓMO UTILIZAR LAS ESENCIAS

Incienso: son bastones de madera perfumados que se queman, tienen un efecto antiséptico, purificador y perfumado; se pueden utilizar para desinfectar las habitaciones en las que se encuentra un enfermo y para reequilibrar los ambientes malsanos.

Velas perfumadas: unen al color de la vela y a su perfume la fuerza del Yang, el fuego que quema. Adecuadas para cenas íntimas, para restar negatividad al ambiente, para aumentar la energía sexual en la habitación, para concentrarse en la meditación, para iluminar la estancia durante un baño.

Aceites esenciales: son mezclas de sustancias aromáticas más bien complejas, presentes en forma de minúsculas gotas en las flores, las hojas, la piel de las frutas, la resina y el leño de muchas plantas. Son volátiles, inflamables, solubles en aceite y alcohol. Se pueden dispersar con difusores, en pot-pourris, en los humificadores, o directamente en bolsitas de tela, bolas de madera o terracota y conservarse como perfumadores de ambientes y ropa. También se pueden poner en el agua del baño y el masaje.

Los colores del arco iris

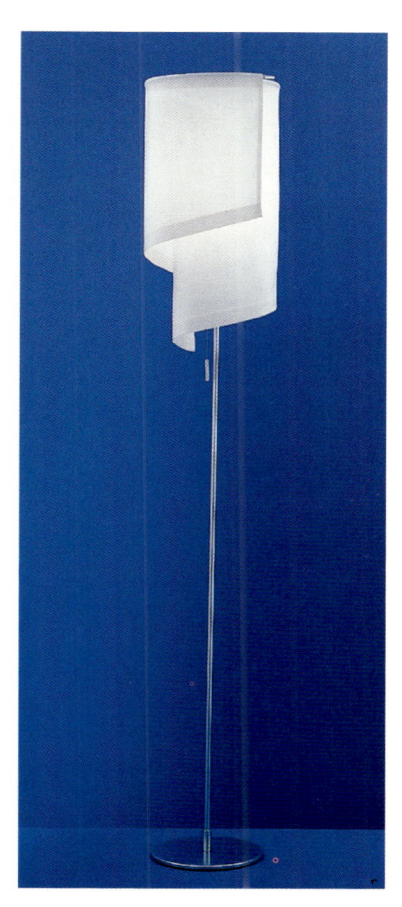

La forma en espiral de esta lámpara de tejido recuerda la de una concha y, según el punto de vista con el que se observa, cambia la intensidad de la luz. Lámpara Kit. Diseño de R. Maci, producción Prandina

dinamizar un espacio, sobre todo en las paredes. En el exterior, se pueden situar puntos de luz para reequilibrar los espacios que faltan.
También el color de los ambientes produce efectos sobre la emotividad del ser humano y debe dosificarse con cuidado en función de la intensidad de la luz que penetra en los locales y la utilización que se hace de esta. Para disfrutar mejor de la luz y de las propiedades de los colores deberemos utilizar colores básicos más bien claros y toques de color concretos en elementos de adorno. A continuación, se considerarán los colores más adecuados que deben utilizarse para optimizar los ambientes.

Blanco: es el color de la luz, el no color que lo contiene todo. Es el símbolo de la pureza, de la inocencia, de la renovación y de la paz, está asociado también a la sexualidad ya que es la expresión de infinitas posibilidades y de nuevas experimentaciones. Aumenta la autoestima y la determinación, pero no debe utilizarse excesivamente porque puede minar una relación e inducir a la soledad. Se utiliza para crear la base de los tonos de los ambientes, pero son preferibles las tonalidades cálidas, como el blanco crema o el marfil, combinados con colores más específicos.

Amarillo: es el color de la luz, de la alegría aparente, de lo brillante y la reflexión. Es un color sugestivo que invita a abrirse, a relajarse, a distenderse. Aporta felicidad, agudeza, esperanza y optimismo. Genera entusiasmo en forma de destellos. Es una esperanza de felicidad, está orientado al futuro, hacia lo que se debe desarrollar, es un deseo de huir de las dificultades existentes, un alivio, pero puede convertirse también en superficialidad y requerimiento de experiencias alternativas.

El Feng Shui asocia este color a la Tierra, estimula la energía mental y el deseo de estar en compañía, tiene relación con la inspiración, la fe, pero ayuda también a recuperar el sentido de la realidad.
Debe utilizarse con cautela en la habitación, escogiendo los matices más claros si la habitación es oscura y fría, mientras que es un color perfecto para la cocina y la sala de estar, incluso en los tonos más cálidos y solares.

Naranja: es un color muy vital, tiene la alegría del amarillo y el temperamento del rojo. Es el color energético por excelencia, estimula la alegría y la energía mental y física. Libera de los rígidos esquemas emotivos, anima la autoestima y amplifica el placer y los sentidos. A quien le gusta utilizar el naranja está dispuesto para conocer cosas nuevas y vivir nuevas experiencias. Se puede utilizar en la sala de estar y en zonas de relajación, porque es un color antiestrés, y también en los comedores porque estimula el apetito.

Rojo: es el color de la fuerza vital, del deseo, del impulso, de la voluntad de vencer, de los apetitos, del amor y la pasión, del consumo de energía. En China es el color asociado al matrimonio, al elemento Fuego, y debe utilizarse con moderación para no crear agotamiento físico y desórdenes cardíacos. El rechazo de este color puede indicar un estado de agotamiento físico y psíquico, una pérdida de potencia y de deseo sexual; es un color asociado al presente. Mejora la sintonía sexual, pero al ser muy potente debe manejarse con cuidado. En la habitación debería haber siempre algo rojo, mejor en tonos púrpuras. En las zonas sociales calienta mucho el ambiente y la vivacidad; en las habitaciones de los niños debe utilizarse con matices más claros o en zonas pequeñas porque es muy excitante.

Rosa: el rosa es un color tradicionalmente asociado a la frescura, a la juventud que surge, al juego y a la alegría. Es un color que reúne una energía delicada, tranquilizante y positiva. En los matices más claros es un color adecuado para las habitaciones de los niños, y en tonos más intensos se puede utilizar en el comedor y las habitaciones matrimoniales.

Violeta: es el color de la unión mística, de la identificación; como suma de azul y rojo representa la fusión entre la calma y la pasión. Es el color del encanto. La persona que escoge este color tiene un alto grado de sensibilidad, que lo lleva a buscar una fusión íntima, erótica, entre intuición y sentido. Utiliza su propia fascinación personal para seducir a las personas, es sensible y está bien predispuesto, pero no desea excesivas responsabilidades. Para el Feng Shui el tono púrpura es un tono del rojo aún más afortunado, porque reúne su fuerza vital con la profundidad de los sentimientos del azul. Vinculado a la sangre y al fuego, está asociado a los ideales, a la honestidad y a la verdad, al amor espiritual. Es adecuado en los espacios de meditación, estudios y donde se desarrollan actividades intelectuales. Es un color relacionado con la seducción y es utilizado por las personas que desean que se las recuerde. En tonalidades más claras, desde el lavanda al lila, es adecuado para estancias donde se esté en compañía: las habitaciones de los niños o los baños.

Azul: es el color de la calma, ya que tiene un efecto pacificador sobre el sistema nervioso central; aumenta la sensibilidad y aporta tranquilidad y satisfacción, representa el vínculo que una persona desarrolla en torno a sí misma, el deseo de unificación y el sentido de pertenencia. Está asociado a sentimientos profundos, a la lealtad, a la sensibilidad estética. El azul representa el silencio, el mar tranquilo, lo femenino, la quietud, la dulzura y la ternura. El órgano asociado al azul es la piel, cuyos trastornos están relacionados con relaciones afectivas perturbadas. El azul es la eternidad y representa la tradición, los valores duraderos, la fidelidad, la evolución, la dedicación. Para el Feng Shui, es el color de la conciencia; utilizado en tonos plenos es adecuado para aportar frescura a una habitación muy soleada y crea un ambiente armonioso. Los matices más claros están indicados como color base para los cuartos de baño, las habitaciones de dormir y las de los niños. Debe utilizarse con cuidado en las zonas de día porque cuando está demasiado extendido deprime, mientras que va muy bien el celeste en estudios médicos, ya que tiene efectos relajantes y calmantes.

Verde: es el color de la perseverancia y la tenacidad. Indica tensiones elásticas, voluntad de trabajar, constancia en las actuaciones y voluntad de crecimiento. Representa valores de firmeza, constancia y resistencia a los cambios. Es símbolo de posesión y autoafirmación del ego. Es el color del Este, del elemento Madera y favorece el crecimiento y la curación. Cuando contiene amarillo lleva un estímulo reconfortante y estable. Si contiene más azul, crea un ambiente relajante, aunque también vibrante y estimulante. En las estancias para niños se pueden utilizar los matices más claros, en tonos verde pálido, que simbolizan la energía de crecimiento, brillante y optimista.

En los estudios es preferible utilizar matices aguamarina, que confieren creatividad y relajación, como también en los ambulatorios y consultas médicas, donde los tonos pastel del verde ayudarán a la relajación y a controlar la ansiedad.

Marrón: es el color relacionado con la Tierra y la estabilidad. Tiene una vitalidad receptiva, pasiva, sensorial. Es la sensación aplicada a los sentidos. Conlleva una sensualidad física que subraya la importancia de las raíces. Quien lo escoge tiene una creciente necesidad de bienestar físico y de satisfacción sensoriales. Ayuda en los momentos de desgaste físico, de inestabilidad e inseguridad. Si se utiliza en tonos chocolate y rojizos favorece la estabilidad y es adecuado en ambientes muy luminosos y soleados, mientras que los matices más claros, del crema al ceniza aportan seguridad y valor.

Gris: color asociado a la energía del Metal, estimula sentimientos de dignidad y autoridad, y es adecuado para los lugares donde se deseen mantener relaciones formales con las personas; lugares de representación, oficinas, salas de espera.
Con todo, puede suavizarse con algunos toques de color, para que el ambiente no sea demasiado austero, escogiéndolos entre los más indicados para desarrollar las propias capacidades y emociones.

Negro: en China este color está simbólicamente relacionado con la profundidad del agua, de los abismos y con el dinero.
En los bancos y lugares de actividad comercial y económica, no falta nunca. Es el color que absorbe más y por lo tanto va asociado a otros más chillones para reequilibrar sus funciones: solo es demasiado potente. Representa el límite absoluto, la nada, la renuncia, el abandono.

Lámpara. Cinius. Fotografía de Aslay

Lámpara de estrella naranja. Cinius. Fotografía de Aslay

Cristales y piedras

Según el Feng Shui, un cristal colocado en casa tiene la propiedad de irradiar la energía de nuestras intenciones, recogiéndolas y transformándolas. Piedras y cristales no son mágicos de por sí, pero poseen una vibración propia particular que puede actuar como generadora de energía y transmitir las propias frecuencias al ambiente. Para que los cristales mantengan sus vibraciones óptimas deberán limpiarse con regularidad cada vez que perdamos su esplendor; podemos hacerlo friccionando su superficie con un paño de seda o gamuza y luego dejarlos a la luz del sol durante algunas horas, o bien ponerlos en un recipiente con un litro de agua y un poquito de sal, dejándolos sumergidos durante veinticuatro horas.

En este punto, para desarrollar al máximo las vibraciones energéticas del cristal o la piedra preciosa, y para que trabaje en la zona específica, se pueden dedicar a algo preciso, por ejemplo al amor por los hijos, a la búsqueda de espiritualidad, al deseo de prosperidad. Se puede colocar uno por habitación, destinándolo a un objetivo particular en cada una, o bien dejar el cristal en una zona central que actúe sobre la armonía de toda la casa. Se puede exponer o esconder en caso de que a menudo haya mucha gente en la vivienda, ya que las piedras y los cristales son sensibles a los campos energéticos ajenos. Con todo, seguirán emanando sus propias energías aunque no estén visibles. Además de ser utilizados en los distintos ambientes, las piedras y los cristales pueden utilizarse como joyas y escogerse según la finalidad que deseemos alcanzar y sus múltiples propiedades energéticas. Veremos a continuación algunos de los cristales y piedras utilizados en el Feng Shui.

Aguamarina: calmante, relajante y adecuada para las zonas de relajación, los baños, las habitaciones de dormir y las personas cansadas y enfermas; protege la tiroides.

Ágata: adecuada para las zonas centrales de la casa, tiene una energía estabilizante y equilibrante; la azul es la adecuada para las habitaciones porque tiene un efecto calmante, la roja aporta energía y por lo tanto podemos ponerla en lugares donde deseemos desarrollar actividades estimulantes. También posee una acción desintoxicante y antiestrés.

Ámbar: absorbe los influjos negativos presentes en un

Las vibraciones de los cristales actúan sobre la armonía de la casa. Cinius Fotografía de Aslay

ambiente, se puede utilizar para rituales de purificación cuando se entra en una casa nueva.

Amatista: es portadora de energía Yin, muy femenina, es calmante, adecuada para la meditación, pero puede llevar a la depresión si se utiliza en exceso.

Citrino: ayuda a desarrollar la conciencia, favorece la intuición y el optimismo; es adecuado para las zonas sociales de la casa, las zonas de relajación y los estudios.

Coral: tiene la fuerza de la profundidad del mar, infunde ánimo y determinación, va bien para las zonas de la Fama, la Prosperidad y los estudios. Ayuda a controlar los trastornos de la circulación.

Cornalina: ayuda a superar los momentos de tristeza y miedo, adecuada para enaltecer las energías de los ambientes oscuros y húmedos aumentando las vibraciones.

Cristal de roca: gran activador de energías espirituales, purifica y aporta sabiduría. Debe utilizarse sólo en las zonas donde se producen casualidades o pueden surgir conflictos.

Cuarzo amarillo: utilizado en la cocina y en el comedor activa las funciones de crecimiento y favorece la nutrición, aporta abundancia y sabiduría.

Cuarzo rosa: se asocia a cualidades de amor y creatividad, es adecuado en las habitaciones de los niños, en la zona de la Familia y en la de los Benefactores. Llevado encima, abre la energía del amor.

Esmeralda: aleja las vibraciones negativas, rejuvenece y cura el insomnio. Como joya aporta purificación, además de serenidad y dinero.

Fluorita: ayuda a desarrollar la creatividad y la claridad, adecuada para habitaciones de niños y estudios de proyectos.

Granate: gran activador de energías creativas, aporta pasión y vitalidad. Adecuado para la zona de la Prosperidad y la de las Relaciones, aumenta la fertilidad y las defensas inmunitarias.

Hematites: amplifica las capacidades mentales, aporta orden y claridad, equilibra las funciones masculinas y femeninas.

Jade: aporta tranquilidad, equilibrio y salud. Utilizada en las habitaciones ayuda a desarrollar las actividades oníricas. Ayuda en caso de fiebre, dolores musculares y gastritis.

Labradorita: estimula la sensibilidad y ayuda al crecimiento. Ayuda a la fecundidad y a la circulación linfática. Adecuada para las zonas donde se desea dar amor y apoyo a los demás.

Lapislázuli: ayuda al desarrollo intelectual y aporta enaltecimiento espiritual. Favorece las amistades, por lo tanto es adecuada en la sala de estar, la zona de los benefactores, las habitaciones de los niños; ayuda a regular la presión y alivia los trastornos de la piel.

Malaguita: aporta equilibrio y calma, elimina las emociones y capacidades de transformación. Adecuada en los cuartos de baño y las cocinas. Ayuda a desintoxicar el hígado y previene los cólicos.

Ojo de tigre: favorece el vínculo con la Tierra y la realidad, regula la energía y el humor, favorece la concentración.

Ópalo: excelente reequilibrante y tranquilizante, infunde valentía y amplía las capacidades de expresar los propios sentimientos.

Adecuado en zonas compartidas con otras personas, en la sala de estar, el comedor o la habitación. Regula el ciclo menstrual y equilibra el humor alterado.

Perla: portadora de la energía del mar y la luna, es muy femenina, vinculada al amor y a la delicadeza. Regula las funciones reproductoras femeninas y aporta dulzura y tranquilidad.

Rubí: activa las capacidades espirituales, da decisión y creatividad. Como joya, es un excelente activador de energía y estimula el apetito.

Sodalita: ayuda a combatir sentimientos negativos, otorga confianza en uno mismo, infunde positivismo y ánimo. Adecuado para las zonas de meditación, de reflexión, las habitaciones y los baños.

Turmalina: ayuda a proteger el campo psíquico, neutraliza las influencias negativas y purifica los ambientes. Se puede utilizar en estudios, en las zonas donde se recibe a las personas, en los rincones oscuros y poco frecuentados de las casas.

Turquesa: es una piedra que trae buena suerte, éxito, satisfacción material y espiritual. Adecuado en las áreas de la Fama y la Prosperidad, debe evitarse en los baños. Si se lleva encima conlleva amistad, éxito, protege y equilibra el metabolismo.

Venturina: es una piedra adecuada para la zona central de la casa, el Tao, porque está asociada a la salud y es beneficiosa para la respiración. Equilibra los aspectos Yin y los Yang.

Zafiro: es un cristal particularmente adecuado cuando se desean iniciar nuevas situaciones y cambiar de vida; en el cambio de casa, de trabajo o de relaciones sentimentales ayuda a iluminar el intelecto y a desarrollar capacidades de médium. Protege la mente y la refuerza.

ÍNDICE

INTRODUCCIÓN	7
PRINCIPIOS FUNDAMENTALES	9
El Yin y el Yang	9
El Ch'i o la energía en movimiento	10
El Sha o el Ch'i maléfico	10
La teoría de los cinco elementos	11
APLICACIONES GENERALES	15
El *I Ching*	15
El Ba Gua y el cuadrado Lo Shu	15
Cómo aplicar el Ba Gua a los espacios de casa	16
La carrera	18
Las relaciones	18
La familia	18
La riqueza	18
El tai ch'i	19
Los benefactores	19
La creatividad	20
El conocimiento	20
La fama	20
La energía de los elementos aplicada a los espacios habitables	21
Madera: la zona este	21
Fuego: la zona sur	21
Tierra: las zonas centrales, suroeste y noreste	22
Metal: la zona oeste	22
Agua: la zona norte	23
LA ELECCIÓN DE UNA NUEVA CASA	25
La importancia del lugar	25
Geobiología y geomancia: las redes electromagnéticas	31
La influencia de los cursos de agua	32
Qué preguntas deben plantearse	34
Las reformas	37
La limpieza del espacio y la eliminación de restos energéticos	37
Mudarse a conciencia	41
LA OPTIMIZACIÓN DE LOS ESPACIOS DE LA CASA	45
La entrada	45
La sala de estar	48
La zona del comedor	51
La cocina	53

La habitación	55
La habitación de los niños	57
La habitación de invitados	59
El estudio	60
El cuarto de baño	61
El balcón y la terraza	64
Los demás espacios	65
El pasillo	65
El garaje y el almacén	67
LOS ESPACIOS VERDES	69
El arte del jardín	69
Crear un ambiente armonioso	70
El jardín según la teoría de los cinco animales	74
La elección de la vegetación	79
Los árboles	79
Las flores	82
Las enredaderas	85
Los elementos decorativos	86
Las zonas de ocio	88
EL LUGAR DE TRABAJO	93
Oficinas y estudios profesionales	93
Los laboratorios	97
Las actividades comerciales	98
Las tiendas de alimentación	99
Perfumerías, peluquerías y centros de estética	100
Ropa y zapatos	101
Librerías, papelerías y agencias de viaje	101
Joyerías, relojerías y ferreterías	104
Centros comerciales	106
Restaurantes y bares	108
Bancos	110
Las escuelas	112
Los lugares de ocio	114
EL FENG SHUI EN LOS VIAJES	119
Los medios de transporte	120
El tren	120
El automóvil	121
El barco	123
El avión	123
La bicicleta	125
El alojamiento	125
Centros de cuidados del cuerpo: centros de belleza, fitness y termas	133
EL BIENESTAR PSICOFÍSICO CON EL FENG SHUI	137
Un espacio propio	137
El ocio	138
La relajación	138
La meditación	140
La actividad física	141
El ritual del baño	142
El sueño	144
El Feng Shui del amor	147
Los perfumes y las esencias aromáticas	148
Las luces y el color	150
Cristales y piedras	154

Impreso en España por
EGEDSA
Rois de Corella, 12-16
08205 Sabadell